De la même auteure, aux éditions Leduc

Stress, inflammation, troubles digestifs, immunité… et si c'était le nerf vague (avec le Dr Yann Rougier), 2021.
Ma bible de la médecine traditionnelle chinoise (avec le Dr Philippe Maslo), 2020.
Mes petites recettes magiques anti-arthrose, 2020.

Ce livre est la réédition de l'ouvrage du même titre, paru en avril 2014.

Design de couverture : Antartik
Photographie de couverture : © AdobeStock
Maquette : Sébastienne Ocampo
Illustrations : © AdobeStock

76, boulevard Pasteur – 75015 Paris
ISBN : 979-10-285-2920-8
ISSN : 2427-7150

MES PETITES

Marie Borrel

RÉGIME CRÉTOIS

RECETTES MAGIQUES

LEDUC poche

SOMMAIRE

INTRODUCTION

Fin 2010, l'Unesco* a ajouté un élément à la liste du « Patrimoine culturel immatériel de l'Humanité » : le régime méditerranéen. Aussi appelée « régime crétois », cette manière de manger est issue des traditions culinaires et nutritionnelles du pourtour méditerranéen. Et tout particulièrement de cette petite île située au sud de la Grèce : la Crète.

Est-ce parce qu'ils vivent sur une île que les Crétois ont su préserver plus longtemps que les autres leurs habitudes nutritionnelles traditionnelles ? Probable. Toujours est-il que dans ce petit coin du monde, les maladies cardiovasculaires sont beaucoup plus rares que dans le reste du monde occidental. Les gens y vivent plus longtemps, en meilleure santé, et sont moins exposés au surpoids. Du moins en a-t-il été ainsi pendant des siècles, jusqu'à ce que les traditions soient peu à peu grignotées par la malbouffe ambiante. Aujourd'hui, en Crète, le taux de cholestérol des habitants a grimpé dans les villes, en même

* Organisation des Nations Unies pour l'éducation, la science et la culture. Communiqué du 16/11/2010.

temps que croissait leur consommation de viande et que baissait celle des fruits et légumes frais. Il y a donc bel et bien une relation directe entre ce mode alimentaire et l'état de santé, notamment cardio-vasculaire.

MAIS QUE MANGENT DONC LES CRÉTOIS ?

Le régime crétois traditionnel se caractérise par :

- *Une consommation très limitée de viande rouge* (maximum deux fois par mois).
- *Une consommation régulière de poisson,* notamment des poissons gras (3 à 4 fois par semaine).
- *De la volaille* de temps en temps (2 fois par semaine), à condition qu'elle soit de bonne qualité.
- *Des fruits et légumes frais* à tous les repas (de préférence de production locale).
- *Des céréales complètes* au moins une fois par jour (pain complet, riz complet...).
- *Des légumineuses* (haricots, pois chiches, lentilles...) au moins une fois par jour.
- *Une consommation très réduite de laitages,* hormis des fromages frais et des yaourts, de chèvre ou de brebis.
- *Des fruits secs* (noix, amandes...).
- *Un peu de miel* pour sucrer les yaourts et les salades de fruits.

Il faut ajouter à cela l'huile d'olive, qui constitue la principale graisse de cuisson et d'assaisonnement, ainsi que les aromates et les épices qui parfument les plats. Un peu de vin rouge de bonne qualité (1 verre par jour maximum) fait aussi partie de la liste des aliments courants. On peut difficilement faire plus élémentaire.

Et ce régime tout simple, si facile à mettre en œuvre sous nos climats, suffirait à faire reculer le spectre des maladies cardio-vasculaires considérées comme la première cause de mortalité dans les pays industrialisés ? À l'heure où une partie de la communauté scientifique jette le doute sur l'efficacité de certaines molécules anti-cholestérol largement prescrites, l'idée mérite qu'on s'y intéresse. Ce mode alimentaire nous permettrait aussi de vivre plus longtemps et en meilleure santé ? Il diminuerait les risques de diabète et de surpoids ? C'est ce que confirment nombre d'études menées partout dans le monde depuis le milieu des années 1950.

LES RECHERCHES RÉCENTES...

Les recherches cherchant à mesurer l'efficacité du régime crétois ont fleuri dans les années 1980/90*. Tout récemment, de nouveaux résultats ont été publiés, confirmant l'impact de ce mode alimentaire sur la santé (notamment cardio-vasculaire) et la longévité. Certains méritent qu'on s'y arrête quelques instants.

En février 2013, le *New England Journal of Medicine* a publié les résultats d'une étude espagnole** portant sur 7 447 personnes qui avaient été recrutées 10 ans plus

* Notamment l'étude « de Lyon », menée par le Dr Serge Renaud et publiée en 1994 et 1999, et l'étude « d'Oslo », publiée en 1982 et 1986.
** « Primary Prevention of Cardiovascular Disease with a Mediterranean Diet », R. Estruch and al, *NEJM*, 25 février 2013.

tôt : des hommes entre 55 et 80 ans et des femmes entre 60 et 80 ans. Tous étaient porteurs d'un risque pour leur santé : surpoids, diabète, hypertension artérielle, excès de cholestérol, antécédents familiaux de maladies cardio-vasculaires... Les participants ont été répartis en trois groupes. Au premier groupe, il était simplement conseillé de limiter la consommation de produits gras et sucrés (viande rouge, fromages gras, sucreries). Les deux autres groupes devaient suivre une vraie diète méditerranéenne avec en plus, chaque jour, pour les uns 4 cuillerées à café d'huile d'olive extra-vierge, et pour les autres 30 g de fruits secs (noix, amandes...).

On peut difficilement faire plus simple comme traitement. Et pourtant, les résultats publiés confirment une fois encore ce que les études précédentes avaient révélé : les accidents cardio-vasculaires ont été supérieurs de près de 20 % dans le premier groupe par rapport aux deux autres. Les chercheurs attribuent cette différence au fait que le régime crétois apporte au corps beaucoup d'acides gras insaturés (les oméga 3 des poissons, mais aussi l'huile d'olive extra-vierge ou les fruits secs). Comme il fournit aussi de nombreux antioxydants (dans les fruits et légumes frais), il offre à l'organisme une combinaison de substances bénéfiques qui œuvrent ensemble pour la protection cardio-vasculaire.

Les bénéfices du régime crétois ne s'arrêtent pas là. Il fait également baisser l'hypertension artérielle et diminue les risques de diabète. Sans doute grâce à la consommation de fruits et légumes frais, grands fournisseurs de minéraux qui contribuent à réguler la pression dans les artères, et à la diminution des aliments industriels gras et sucrés qui contribuent au dérèglement du pancréas chargé de sécréter l'insuline qui régule le taux de sucre dans le sang.

Une autre étude*, publiée en décembre 2010 par le *Journal américain de nutrition clinique,* a soumis 3 759 Américains de plus de 65 ans à des tests cognitifs réguliers pendant un peu plus de 7 ans. Pour chacun, le mode alimentaire a été évalué en fonction de sa plus ou moins grande proximité avec le régime crétois. Résultats : ceux dont l'alimentation se rapproche le plus du modèle ont conservé de meilleurs résultats cognitifs malgré les années. Autrement dit : pour vieillir sans perdre votre mémoire, votre vigilance et votre acuité mentale, mangez crétois !

LES RAISONS DE CE SUCCÈS

À y regarder de près, ces résultats ne sont pas étonnants. Car l'alimentation crétoise fournit à l'organisme nombre de substances dont on connaît les effets bénéfiques sur l'organisme.

- **Un apport régulier en vitamines, minéraux et oligo-éléments.** C'est la première qualité de ce régime, et ce n'est pas la moindre. Cette alimentation est suffisamment variée pour couvrir nos besoins courants en vitamines et en minéraux. Cet apport régulier en vitamines A, C, E, mais aussi en vitamines du groupe B, assure un fonctionnement cellulaire optimum.

* « Adherence to a Mediterranean-type dietary pattern and cognitive decline in a community population. » Tangney CC, Kwasny MJ, Li H, Wilson RS, Evans DA, Morris MC. *Am J Clin Nutr.* 2010 Dec 22.

S'ajoute à cela une bonne couverture en minéraux assurée par les fruits et légumes, les laitages, les volailles et le poisson. Les oligoéléments ne sont pas en reste, puisqu'ils sont présents aussi bien dans les céréales complètes (les céréales raffinées en contiennent très peu) que dans les légumes secs, les fruits et légumes frais, les laitages, les volailles et le poisson.

- **Des substances antioxydantes à foison.** Certaines de ces substances ont des vertus antioxydantes importantes. Les vitamines A, C et E, ainsi que le sélénium et le zinc, contribuent ainsi à protéger nos cellules contre les phénomènes naturels d'oxydation qui contribuent à accélérer le vieillissement. S'ajoutent à cela des substances antioxydantes plus spécifiques, comme la quercétine, le lycopène, les polyphénols, les flavonoïdes... Elles sont toutes apportées en quantité idéales par ce type d'alimentation.
- **De grandes quantités d'oméga 3.** Ce sont des acides gras de la famille des insaturés. Ils sont indispensables à l'entretien de notre santé, notamment au niveau cardio-vasculaire, nerveux et cérébral. Notre alimentation courante ne nous apporte pas suffisamment d'oméga 3. Le régime crétois compense ce manque, grâce notamment à la consommation d'huile d'olive de bonne qualité, de poisson et de fruits secs oléagineux.
- **Des glucides de bonne qualité.** Côté énergie, pas de souci ! Le carburant de nos cellules, c'est le sucre. Et l'alimentation méditerranéenne en apporte suffisamment pour couvrir nos besoins énergétiques. En plus, ces sucres sont apportés sous leur forme la plus bénéfique, à savoir les « glucides lents ». Ce sont

des sucres « complexes », apportés par les céréales complètes et les légumineuses, que l'organisme est obligé de transformer en sucres « simples » avant de les assimiler. Ils fournissent donc de l'énergie sur un laps de temps plus long et ne sollicitent pas trop brutalement le pancréas, souvent agressé par l'excès de sucres rapides et raffinés (sucreries, sodas, biscuits industriels, confitures...). Ces sucres à index glycémique bas sont bénéfiques autant pour la ligne que pour la santé.

- **Un peu de bonnes protéines, mais pas trop.** Nous avons besoin de protéines pour vivre. Nos muscles en réclament pour assurer le renouvellement de leurs cellules et éviter tout risque de fonte musculaire. Nos glandes endocrines en réclament également, car certaines hormones sont fabriquées à partir de leurs composants (les acides aminés). Même notre cerveau utilise certains de ces acides aminés pour produire les neurotransmetteurs indispensables à l'équilibre de notre humeur, à la qualité du sommeil ou à l'entretien de notre mémoire. L'alimentation crétoise apporte des quantités suffisantes de protéines, même s'il est conseillé de limiter la consommation de viande rouge. Le poisson et la volaille fournissent des protéines d'excellente qualité, en quantité suffisante pour couvrir ces besoins, et sans que cet apport soit associé à d'importantes quantités de mauvaises graisses. Et même lorsque les repas ne comportent pas de produits animaux (ni volaille, ni poisson), ils fournissent des protéines végétales contenues dans les céréales complètes (pain, pâtes, riz...) associées à des légumineuses (haricots, pois chiches, lentilles...).

- **Des fibres en quantité.** Elles sont contenues principalement dans les fruits et légumes et dans les céréales complètes. Or, l'alimentation moderne, très raffinée et appauvrie en fruits et légumes frais, ne nous apporte plus suffisamment de fibres naturelles pour nous garantir une bonne digestion, une bonne assimilation et surtout un bon transit intestinal. Cette carence, très largement répandue, est l'une des principales causes de l'augmentation de la constipation chronique dans les pays industrialisés. Un bon apport en fibres jouerait également un rôle protecteur contre certains cancers digestifs.

Pour bénéficier de tous ces bienfaits, il suffit donc de changer en douceur vos habitudes alimentaires. Ce n'est pas un régime dont il s'agit, même si c'est ainsi que l'on nomme couramment cette manière de manger. Qui dit régime dit restriction et frustration. On se prive, en focalisant son attention sur le moment où l'on pourra enfin recommencer à manger « comme avant ». L'échec est forcément au bout du chemin. Vous êtes plutôt invité à modifier vos habitudes en profondeur. Tranquillement, à votre rythme. Car chaque pas effectué sur ce chemin est bénéfique à votre santé. L'alimentation crétoise n'est ni triste ni monotone. Elle permet de cultiver le plaisir à la fois de cuisiner, de déguster et de partager. Il convient à toute la famille, des plus jeunes aux plus âgés. Alors n'hésitez plus, mettez vite votre cuisine à l'heure crétoise !

PREMIÈRE PARTIE

LES 10 RÈGLES DE BASE DU RÉGIME CRÉTOIS

Vous êtes prêts pour un voyage culinaire, gustatif, gage de santé et de longévité ? Voici un petit guide pour vous accompagner dans ce périple.

1. MANGEZ BEAUCOUP DE FRUITS ET LÉGUMES

Nous avons souvent tendance à considérer les légumes comme un « accompagnement » de la viande : nous mangeons un steak haricots verts, ou un sauté de veau aux carottes. Les légumes ont ainsi perdu la place centrale qu'ils auraient dû conserver dans notre équilibre alimentaire. Quant aux fruits, ils sont souvent remplacés par des desserts industriels (crèmes desserts, mousses, gâteaux secs...). Le moment est venu de rendre aux fruits et légumes la place qu'ils méritent dans notre alimentation. Ce sont nos principaux pourvoyeurs en vitamines, minéraux, oligoéléments et antioxydants. Ces précieuses substances participent à toutes nos fonctions vitales et nous protègent contre le vieillissement tissulaire. Les carences dues à une alimentation trop pauvre en fruits et légumes sont à la base de nombreuses perturbations de l'état de santé. Enfin, ces aliments sont notre principale source de fibres. Il existe diverses variétés de fibres, certaines digestibles, d'autres pas. Selon leur nature, elles participent à la protection contre l'excès de cholestérol, elles contribuent à la sensation de satiété (qui permet de manger raisonnablement sans se priver), et surtout elles sont indispensables pour conserver un transit régulier.

Essayez donc d'intégrer des fruits et légumes à tous vos repas en procédant de la manière suivante :

- Un fruit au petit déjeuner.
- Aux deux principaux repas, une portion de légumes crus (salades), une portion de légumes cuits, ainsi qu'un fruit cru ou cuit.
- Éventuellement un fruit en milieu de matinée ou d'après-midi si vous avez l'habitude de prendre des collations dans la journée.

Et profitez de vos nouvelles habitudes alimentaires pour suivre le cours des saisons. Les fruits et légumes sont d'autant plus riches en substances bénéfiques qu'ils sont frais, récemment cueillis et qu'ils ont poussé près de chez vous. Retrouvez le plaisir des petits légumes du marché !

2. RÉHABILITEZ LES LÉGUMINEUSES ET LES FRUITS SECS

Haricots, lentilles et autres pois chiches sont tombés en désuétude depuis quelques décennies. C'est dommage car ce sont d'excellents aliments ! Ils fournissent à l'organisme des vitamines, minéraux et oligoéléments complémentaires de ceux apportés par les fruits et légumes frais. Ils contiennent aussi des glucides très énergétiques et des fibres. Enfin, ils renferment des protéines utilisables par l'organisme si vous les associez à des céréales complètes (riz et lentilles, pâtes et pois chiches…). Vous pouvez ainsi limiter votre consommation de produits animaux sans que votre apport en protéines diminue. Alors n'hésitez pas, mangez régulièrement des légumes secs, intégrez-les de préférence aux repas qui ne contiennent ni viande, ni poisson, et associez-les à une part de céréales.

Les fruits secs oléagineux (noix, amandes…) sont également des aliments de choix. Ils renferment en grande quantité des acides gras de bonne qualité (oméga 3), essentiels pour le système cardio-vasculaire et le cerveau. Ce sont aussi d'excellents fournisseurs de minéraux (notamment le magnésium au fort pouvoir antistress) et de vitamine E.

3. PRÉFÉREZ LES CÉRÉALES COMPLÈTES

Les céréales : voilà la troisième catégorie d'aliments indispensables à l'équilibre nutritionnel. Dans le régime crétois d'origine, c'est le pain complet, fabriqué de manière traditionnelle, qui constitue la principale source de céréales. Vous pouvez élargir la gamme en mangeant du blé sous d'autres formes (pâtes, graine de couscous, boulgour…), mais aussi du riz, de l'orge, du sarrasin… Veillez seulement à ce que ces céréales ne soient pas trop raffinées. Choisissez-les complètes ou semi-complètes. C'est indispensable pour qu'elles remplissent correctement leur rôle de fournisseur d'énergie, car les glucides qu'elles apportent seront assimilés plus lentement et progressivement, fournissant ainsi à l'organisme (et tout particulièrement au cerveau) le carburant dont il a besoin pour fonctionner.

Les céréales complètes ou semi-complètes sont également beaucoup plus riches en fibres, vitamines, minéraux et oligoéléments. Et cette richesse nutritionnelle vient s'ajouter à celle des fruits et légumes, frais et secs, pour optimiser le fonctionnement de toutes vos fonctions vitales.

4. DIMINUEZ VOTRE RATION DE VIANDE

La viande rouge (bœuf, agneau...) surtout est à réduire, ainsi que le porc et toutes les formes de charcuteries. Ces viandes apportent beaucoup de protéines, mais celles-ci sont associées à d'énormes quantités de matières grasses de mauvaise qualité qui augmentent le risque d'encombrement des artères. Enfin, la surconsommation de viande entretient une grande acidité intérieure qui contribue à l'usure prématurée de nos organes.

Si vous n'êtes pas un grand consommateur de viande, tant mieux pour vous ! Vous aurez moins de mal à vous contenter d'un repas carné tous les 3 ou 4 jours, de préférence avec de la volaille (poulet fermier, pintade, caille, canard...) ou du lapin. Non seulement ces viandes sont moins grasses (à condition de ne pas consommer la peau des volailles), mais une partie de leurs graisses est de bonne qualité. Vous pouvez également consommer des œufs en quantité raisonnable (3 à 5 maximum par semaine). Leurs protéines sont parfaitement équilibrées.

Si vous avez l'habitude de manger beaucoup de viande, diminuez progressivement votre consommation. Passez d'abord à un seul repas carné par jour (de préférence le midi), puis espacez progressivement jusqu'à arriver à un repas carné tous les 3 ou 4 jours. Et surtout, diminuez la charcuterie et la viande rouge.

5. AUGMENTEZ VOTRE CONSOMMATION DE POISSON

Maintenant que vous avez pris l'habitude de manger moins de viande rouge et de charcuterie, vous allez apprendre à consommer davantage de poisson. Non seulement les poissons fournissent à l'organisme des protéines complètes d'excellente qualité, mais celles-ci sont associées à moins de matières grasses. S'ajoute à cela le fait que les matières grasses du poisson sont de bien meilleure qualité que celles de la viande : ce sont principalement des graisses insaturées (oméga 3), favorables au bon état du système cardio-vasculaire et au bon fonctionnement du cerveau et du système nerveux. Les produits de la mer (poissons, mais aussi coquillages et crustacés) sont également d'excellents fournisseurs de minéraux.

Si vous aimez le poisson, mangez-en aussi souvent que possible. L'idéal est de consommer du poisson au moins 3 ou 4 fois par semaine. Si vous n'aimez pas les saveurs de la mer, essayez de vous habituer en mangeant d'abord des poissons blancs à grosse mie, comme le colin ou la lotte. Essayez aussi les gros poissons, comme l'espadon, dont la consistance est plus proche de celle de la viande.

6. PRÉFÉREZ LES FROMAGES FRAIS, DE CHÈVRE OU DE BREBIS

La France est le pays du fromage. Aucune autre contrée au monde ne dispose d'une telle variété de saveurs, de consistances, de douceur ou de piquant. Et pourtant, l'alimentation crétoise n'est pas compatible avec une grande consommation de fromages, surtout de fromages gras. Traditionnellement, dans les pays du bassin méditerranéen, on consomme surtout du fromage de chèvre ou de brebis. Ces fromages sont soit frais (comme la feta), soit très secs (comme les crottins). Dans les deux cas, ils contiennent beaucoup moins de matières grasses que le camembert, le brie ou le reblochon. En outre, le lait de chèvre ou de brebis est beaucoup plus digeste que le lait de vache.

Une consommation raisonnable de fromage frais est conseillée, pour optimiser l'apport en calcium, magnésium, phosphore... Contentez-vous d'une portion une fois par jour au maximum, intégrée à un repas dans lequel vous ne mangez pas de viande. L'association légumes/fromage de chèvre/légumineuse/pain complet est tout à fait équilibrée et apporte une bonne variété de nutriments essentiels. À cela, vous pouvez ajouter un yaourt (de préférence de chèvre ou de brebis) sucré avec une cuillerée à café de miel.

7. CUISINEZ À L'HUILE D'OLIVE

Voilà pour les principales catégories d'aliments. Il en reste cependant une, très importante : les matières grasses d'assaisonnement. Le beurre et la crème fraîche, très utilisés dans certaines régions (Normandie, Bretagne, régions de l'Est...) sont très néfastes pour la santé en général, et pour le système cardio-vasculaire en particulier. Ce n'est pas le cas des huiles végétales, et tout particulièrement de l'huile d'olive.

Toutes les matières grasses sont composées d'acides gras essentiels. Ces constituants peuvent être de plusieurs sortes : saturés, mono-insaturés ou polyinsaturés. Les acides gras saturés sont les plus néfastes pour l'organisme, car ils augmentent la production de cholestérol et favorisent les dépôts dans les artères. À l'inverse, les acides gras mono ou polyinsaturés sont bénéfiques. Non seulement ils contribuent à réguler le taux de cholestérol sanguin, mais ils sont indispensables au renouvellement des parois cellulaires (notamment des cellules nerveuses et cérébrales).

On trouve des acides gras saturés dans les graisses animales (viandes grasses, charcuteries, fromages gras, beurre, crème...), alors que les acides gras mono et polyinsaturés sont présents dans les huiles végétales et dans le poisson. Alors, suivez l'exemple des peuples méditerranéens : cuisinez à l'huile d'olive ! Cette huile est très bénéfique pour la santé. Elle est assez stable à la cuisson et supporte la chaleur. Pour vos assaisonnements, vous pouvez aussi utiliser les autres huiles végétales crues : huile de soja, de noix, de sésame... Cela vous permettra non seulement de diminuer considérablement votre consommation de mauvais acides gras saturés, mais aussi d'équilibrer votre apport en bons acides gras insaturés.

8. N'OUBLIEZ PAS LES ÉPICES ET LES AROMATES

Les aromates et les épices sont plus que des condiments ! Non seulement ils donnent de la saveur aux plats et permettent de varier les recettes, mais ce sont de vraies substances médicinales qui contribuent aux effets bénéfiques du régime crétois. Quelques exemples : le basilic et le safran sont apaisants et aident à prévenir les effets du stress ; la menthe et le gingembre sont stimulants ; la coriandre et l'anis étoilé facilitent la digestion ; le thym et le romarin combattent les infections... Certaines épices, comme le curcuma, ont en plus un fort pouvoir antioxydant.

Les herbes fraîches (basilic, persil, coriandre, ciboulette...) se consomment crues dans les salades ou s'ajoutent ciselées en fin de cuisson. Les aromates plus fermes (thym, romarin, laurier...) et les épices doivent être cuits pour délivrer à la fois leur saveur et leurs vertus.

9. BUVEZ UN PEU DE BON VIN ROUGE

Si l'abus d'alcool est néfaste à la santé, un peu de bon vin rouge, de très bonne qualité, possède des vertus thérapeutiques. Le vin est notamment bourré d'antioxydants qui s'opposent aux mécanismes du vieillissement cellulaire (polyphénols, flavonoïdes...). Mais au-delà d'un verre par jour, l'impact négatif de l'alcool sur les tissus neutralise les effets bénéfiques des antioxydants. Alors si vous appréciez un verre de bon vin rouge de temps en temps, ne vous en privez pas à condition de ne pas dépasser la dose limite d'un verre par jour. Mais si vous n'aimez pas, ne vous forcez pas.

10. CUISINEZ « EN DOUCEUR »

Une fois les ingrédients de vos repas sélectionnés, il ne vous reste plus qu'à vous mettre aux fourneaux. Là, la règle est simple : efforcez-vous d'agresser le moins possible les aliments, afin de profiter au maximum de leurs composants bénéfiques.

- *Mangez des aliments le plus frais possible* (surtout en ce qui concerne les fruits et les légumes). Épluchez-les et découpez-les au dernier moment afin que leurs nutriments ne s'oxydent pas au contact de l'air. Ne les faites pas tremper dans l'eau afin de préserver les vitamines hydrosolubles. Contentez-vous de les rincer sous un filet d'eau claire.

- *Évitez les cuissons trop violentes,* à trop forte température (grande friture, four très chaud, grillades au barbecue…), car elles détruisent les nutriments. Préférez les cuissons à la vapeur douce (l'eau doit juste frémir et non bouillir sous le panier perforé), au four doux (autour de 180 °C – th. 6 – voire moins pour les cuissons les plus longues), en papillote, à l'étouffée… Essayez aussi la cuisson au four à basse température (120 °C environ – th. 4), dans une terrine. C'est un peu long (au moins 2 heures), mais le plat cuit sans surveillance.
- *Diminuez la quantité d'huile que vous utilisez pour la cuisson,* et rajoutez un peu d'huile végétale crue au moment de servir. C'est excellent pour la saveur et bénéfique pour la santé.

DEUXIÈME PARTIE

LE RÉGIME CRÉTOIS : BON POUR TOUT… OU PRESQUE !

Vous n'osez pas y croire ? Vous ne pensez pas qu'une alimentation variée, savoureuse et saine, puisse suffire à entretenir votre tonus physique et psychique, à éviter nombre de problèmes de santé ? Voici, pour finir de vous convaincre, le détail des principaux bienfaits du régime crétois.

CONTRE L'EXCÈS DE CHOLESTÉROL ET SES CONSÉQUENCES

En diminuant considérablement la place des graisses saturées dans l'alimentation, et en les remplaçant par des graisses insaturées (notamment des oméga 3), l'alimentation crétoise contribue non seulement à faire baisser le taux global de cholestérol, mais aussi à privilégier le « bon » cholestérol au détriment du « mauvais ».

Le cholestérol est une matière grasse dont notre corps a un besoin impérieux. Toutes nos cellules l'utilisent. Ce n'est donc pas un ennemi absolu. C'est seulement l'excès de cholestérol qui peut avoir des conséquences néfastes. Plus précisément : l'excès de « mauvais » cholestérol. C'est le sang qui se charge de véhiculer les molécules de cholestérol et de le distribuer à toutes les cellules du corps. Ces molécules circulent sur des sortes de petites barques : des lipoprotéines. Il en existe deux catégories : les premières (LDL) sont chargées, comme des livreurs, d'amener le cholestérol jusqu'à la « porte » des cellules où elles le déposent. Les secondes (HDL) sont chargées, comme des éboueurs, de ramasser l'excédent non utilisé pour le ramener vers nos organes d'élimination. On comprend facilement pourquoi le HDL est appelé « bon cholestérol ». Tant qu'il est présent en quantités importantes, nous avons toutes les chances d'éliminer l'excès de cholestérol, même si notre taux global est important. En revanche, même avec un taux global assez bas, nous risquons de voir du cholestérol stagner dans les artères si c'est le mauvais LDL qui prend le dessus.

L'alimentation crétoise est particulièrement adaptée à la protection contre ce risque. Il faut savoir qu'une toute petite partie de notre cholestérol (autour de 20 %) est directement apportée par l'alimentation (notamment les œufs). Les 80 % restants sont produits par notre organisme à partir des graisses alimentaires. Et selon que nous mangeons davantage de graisses saturées (viandes grasses, fromages gras, charcuteries, beurre, crème...) ou de graisses insaturées (poissons, huiles végétales...), nous fabriquerons plutôt du mauvais cholestérol (LDL) ou du bon (HDL).

À cela s'ajoute l'action spécifique de l'huile d'olive, qui tend à faire baisser le taux global de cholestérol sanguin, grâce à sa richesse en acides gras mono-insaturés. Si vous ajoutez à votre consommation quotidienne une autre huile végétale crue, plus riche en acides gras polyinsaturés (soja, sésame, noix, colza...), vous agirez également sur l'équilibre entre les deux types de cholestérol, favorisant le bon et diminuant l'incidence du mauvais. Plus vous prenez tôt ces bonnes habitudes, plus vous mettez les chances de votre côté. C'est le plus souvent après 40 ans chez les hommes, 50 ans chez les femmes, que les effets de l'excès de cholestérol se font sentir. La qualité des parois artérielles se détériore progressivement et l'excès de cholestérol forme peu à peu des plaques qui s'oxydent sous l'effet des radicaux libres. Peu à peu, des caillots finissent par se former, encombrant les artères au point de les obstruer. C'est de cette manière que se préparent, en sourdine, les infarctus, les ruptures d'anévrisme, l'artériosclérose... Alors mieux vaut prévenir avant que les problèmes se déclarent. La meilleure prévention : manger crétois !

POUR GARDER UNE BONNE CIRCULATION VEINEUSE

Avec les années, la circulation veineuse de retour se ralentit. C'est naturel : notre sang doit lutter contre la pesanteur pour remonter du bas du corps vers le cœur et les poumons afin d'y être nettoyé et régénéré. Or, nous ne disposons pas d'une pompe semblable au cœur qui propulserait le sang du bas vers le haut. En outre, avec le temps, les parois veineuses perdent de leur élasticité. Et plus elles sont rigides, plus le sang a du mal à remonter vers le cœur. Ces difficultés se manifestent d'abord par des jambes lourdes : les chevilles sont gonflées en fin de journée, les jambes deviennent douloureuses, les longues stations debout deviennent difficiles. Si l'on n'apporte pas de solution à ces problèmes, ils s'installent jusqu'à provoquer des varicosités (veinules apparentes), puis de véritables varices (veines dilatées et durcies).

Pour prévenir ces troubles, il faut veiller à ce que votre alimentation vous apporte suffisamment de substances qui stimulent la circulation sanguine et protègent les parois veineuses. C'est là qu'intervient le régime crétois. La consommation accrue de fruits et légumes fournit à foison ces précieuses substances, notamment les flavonoïdes (nombreux dans les agrumes), les anthocyanes (présentes dans les fruits et les baies de couleur violette, comme les myrtilles ou le cassis), la vitamine E (dans les noix, noisettes, amandes). Le zinc et le sélénium, également impliqués, sont fournis par les céréales complètes.

CONTRE L'ACCÉLÉRATION DU VIEILLISSEMENT

Le vieillissement est un processus corporel global. Tous nos tissus vieillissent, à des rythmes différents. Lorsque nous voyons nos cheveux blanchir ou notre peau se rider, nous n'apercevons que la partie émergée d'un iceberg plongeant profondément en nous. Les tissus qui composent nos organes, nos muscles, notre squelette, notre système nerveux... vieillissent aussi. Le corps humain n'est jamais stable. Il se renouvelle en permanence, et ce depuis l'instant où le spermatozoïde paternel a pénétré l'ovule maternel pour le féconder. Pendant les vingt premières années, le corps est en phase constructive : il crée davantage de matière qu'il n'en élimine ; nous grandissons. Puis le mouvement s'inverse, notre organisme élimine davantage de matière périmée qu'il n'en crée. Nous commençons à vieillir.

Voilà pour le déroulement de base. S'il n'était question que de cela, nous pourrions vivre tranquillement jusqu'à 120 ans sans perdre pour autant notre santé, notre mobilité ni notre acuité sensorielle et mentale. Seulement voilà : s'ajoute à cela une usure liée à nos conditions de vie (stress, tabac, pollution...) et à notre hygiène alimentaire. C'est elle que nous pouvons freiner grâce au régime crétois. Les principaux responsables de cette usure supplémentaire se nomment « radicaux libres ». Ce sont des particules « folles », naturellement produites par notre organisme au cours des opérations métaboliques indispensables à la vie. Ils ne vivent que quelques millièmes de seconde, mais cela leur suffit pour faire des ravages dans nos tissus. Comme il leur manque un ou plusieurs électrons, ils n'ont de cesse d'en dérober aux atomes qu'ils rencontrent sur leur passage. Ce faisant, ils endommagent les cellules qu'ils côtoient (leurs membranes ou leur noyau) et accélèrent considérablement les processus de vieillissement organique.

Heureusement, la nature nous a dotés de paravents capables de nous protéger contre ces radicaux libres dévastateurs. Mais pour fonctionner, ils ont besoin de substances antioxydantes fournies par l'alimentation, notamment les vitamines A, C et E, le sélénium, le manganèse et le zinc. Or, l'alimentation moderne nous en apporte des quantités trop faibles pour nous protéger efficacement. Résultat : nos tissus vieillissent plus vite qu'il le faudrait et nous en subissons les conséquences sous forme de troubles divers.

Encore une fois, l'alimentation crétoise permet de pallier ces difficultés. Car l'augmentation de la consommation de fruits et légumes améliore nettement notre apport en vitamines antioxydantes. Quant aux céréales complètes et au poisson, ils fournissent les minéraux antioxydants indispensables. Notre protection contre les agents du vieillissement cellulaire s'en trouve naturellement renforcée.

CONTRE LE RISQUE DE DIABÈTE

Cette maladie métabolique se caractérise par une difficulté à gérer le taux de sucre sanguin. Nos cellules ayant besoin d'être alimentées en permanence, le sucre provenant de l'alimentation circule dans le sang qui le distribue dans le corps. Mais le taux de sucre sanguin doit absolument rester stable : s'il baisse trop, nous éprouvons des malaises (c'est l'hypoglycémie) ; s'il grimpe trop, il endommage gravement nos tissus (c'est le diabète). Cette gestion est assurée par une hormone : l'insuline. Elle est produite par le pancréas lorsque nous mangeons des aliments glucidiques (sucreries, fruits, pain, pâtes...). Dès que le taux de sucre sanguin s'élève exagérément, l'insuline neutralise le glucose pour le ramener à une limite raisonnable.

Tous les diabètes ne se valent pas. Dans certains cas, le pancréas ne produit plus du tout d'insuline. C'est le diabète insulinodépendant, qui nécessite un apport quotidien sous forme de piqûres. Mais ce n'est pas le plus répandu. Le diabète de type 2, aussi appelé diabète gras, est moins grave. Le pancréas parvient encore à produire la précieuse insuline, mais en quantités trop faibles pour que le taux de sucre dans le sang soit correctement géré. Dans un cas comme dans l'autre, le régime crétois est d'une aide précieuse.

Cette maladie est en augmentation constante depuis une cinquantaine d'années, conséquence directe de la modification de nos habitudes alimentaires et du raffinage excessif des aliments glucidiques. En préconisant la consommation de céréales complètes (pain, riz, pâtes...), de légumineuses (haricots, lentilles...) et de fruits frais, l'alimentation crétoise fournit à l'organisme les sucres dont il a besoin pour assurer ses dépenses énergétiques, mais principalement sous forme de « glucides complexes » qui sollicitent le pancréas en douceur et se diffusent dans le sang de manière lente et régulière. S'ajoute à cela un apport accru en oligoéléments, notamment le chrome, qui favorise une bonne gestion du sucre par l'organisme.

POUR PERDRE DU POIDS EN DOUCEUR

L'ère des régimes amaigrissants hyper-restrictifs est révolue, et c'est tant mieux ! Car ces régimes provoquent des carences importantes et leurs résultats ne sont pas durables. Le poids perdu est repris dans 95 % des cas, avec, le plus souvent, quelques kilos supplémentaires. Pour mincir, aujourd'hui, les diététiciens proposent plutôt de revoir en douceur ses habitudes alimentaires, afin que la perte de poids soit lente, progressive, et surtout durable. C'est justement l'une des conséquences secondaires de l'alimentation crétoise.

Ce mode alimentaire revient, tout naturellement, à diminuer la consommation des aliments qui stimulent la prise de poids, parce qu'ils sont très sucrés (gâteaux, sucreries, sodas...) ou très gras (charcuteries, fromages gras). L'augmentation de la consommation de fruits et légumes permet de rééduquer la sensation de satiété. Résultat : on mange moins, on recommence à entendre les messages du corps et on évite les prises alimentaires inutiles pour l'organisme. Peu à peu, celui-ci déstocke une partie de ses réserves graisseuses, jusqu'à retrouver son poids de forme. Ainsi, sans régime restrictif, sans frustration excessive ni privations trop intenses, on peut perdre tranquillement ses kilos au fil des semaines.

POUR CONSERVER UN BON TRANSIT INTESTINAL

Une consommation suffisante de fibres est essentielle pour le transit intestinal. Ces fibres donnent de la consistance aux selles. Elles se gonflent d'eau pendant la digestion, ce qui donne aux selles du volume et de la souplesse, facilitant leur expulsion. Un bon fonctionnement intestinal est l'un des piliers d'une bonne santé. Car non seulement le ralentissement du transit provoque des ballonnements et des douleurs intestinales, mais la constipation chronique finit par induire une sorte d'auto-intoxication puisque les déchets de la digestion ne sont plus évacués correctement. Le régime crétois, grâce à son apport de fruits et légumes, de céréales complètes et de légumineuses, favorise un transit régulier. Enfin, la consommation de yaourts contribue à entretenir la flore intestinale. Côté transit, le régime crétois est gagnant sur toute la ligne.

POUR PRÉVENIR LES EFFETS DU STRESS

La tension nerveuse oblige notre cerveau et notre système nerveux à fonctionner en surrégime. Du coup, il consomme en quantités accrues certains nutriments : vitamine E, acides gras insaturés, minéraux (notamment le magnésium et le calcium)... Le régime crétois apporte ces nutriments en grande quantité, ce qui nous permet de résister plus facilement aux effets du stress. L'humeur s'altère moins vite, la fatigue nerveuse est tenue à distance, le sommeil résiste mieux, la mémoire reste vive… De plus, on sait que le stress favorise la production des radicaux libres. Le régime crétois protège contre cette usure accélérée en fournissant à l'organisme des antioxydants nombreux et variés.

TROISIÈME PARTIE

LES ALIMENTS MAGIQUES DU RÉGIME CRÉTOIS

Bien sûr, vous n'allez vous nourrir exclusivement de produits poussant autour du bassin méditerranéen, comme les tomates, l'huile d'olive ou les pastèques. Tous les fruits et légumes ont leur place dans l'alimentation méditerranéenne, ainsi que tous les produits de la mer, les volailles ou les légumineuses. Cependant, ces aliments, qui constituent la base de la cuisine méditerranéenne, vous veulent vraiment du bien. Prenez l'habitude de les intégrer à vos repas quotidiens, ils vous aideront à modifier vos habitudes alimentaires sans avoir besoin de fournir de gros efforts.

AIL : CIRCULEZ !

Ce bulbe, que l'on consomme frais ou séché, est un vrai médicament naturel. Il aide à faire baisser le taux de cholestérol, diminue le risque d'obstruction des artères et régule naturellement la tension. Il contient des composants qui renforcent les parois artérielles. Enfin, comme il stimule globalement la circulation sanguine, il améliore l'alimentation de toutes les cellules du corps, optimisant leur fonctionnement.

Ce n'est pas tout. Il renferme aussi des substances qui protègent des effets du vieillissement (notamment du sélénium). L'ail est un véritable ami de la santé. Si vous aimez sa saveur particulière, mettez-en dans vos plats. Vous ne risquez aucune « surdose » !

Trucs magiques

Cru, l'ail fait merveille dans les salades salées. Cuit en chemise (non épluché), il renforce la saveur des ragoûts et des plats à l'étouffée. Tranché en lamelles et sauté à la poêle, il rehausse la saveur des plats de légumes. Haché avec du persil, il accompagne à merveille les poissons et les volailles. Frotté sur du pain grillé, il permet de faire de délicieuses tartines…

Son seul problème, c'est sa digestibilité. Si vous avez du mal à le supporter, coupez les gousses en deux et enlevez le germe central responsable de ces difficultés. Et si ce n'est pas suffisant, cuisinez-le « en chemise ». Vous pourrez ôter les gousses du plat avant de servir, mais vous bénéficierez tout de même de sa saveur (plus douce que s'il est épluché) et, surtout, d'une grande partie de ses composants bénéfiques.

AROMATES : À CHACUN SES VERTUS

Les herbes aromatiques sont de vraies plantes médicinales. Les habitants du pourtour méditerranéen ne l'ont pas oublié ! Ils les utilisent copieusement dans leur cuisine, bénéficiant ainsi de leurs nombreux bienfaits. Voici quelques exemples :

- *Le basilic* aide à la digestion. Il permet ainsi au corps d'assimiler plus facilement les vitamines et les minéraux contenus dans les aliments. Il est également apaisant pour le système nerveux.
- *Le persil* est très riche en vitamine C. Il est ainsi très tonifiant. Il est également diurétique.
- *La coriandre* est, elle aussi, digestive et diurétique.
- *Le thym* stimule le fonctionnement du foie et augmente la production de bile par la vésicule biliaire.
- *Le laurier* est un grand antiseptique naturel.
- *Le romarin* améliore la digestion et contient des substances qui protègent les cellules contre les effets du vieillissement (flavonoïdes).
- *La sauge* est très antioxydante. Elle contient aussi des substances proches des hormones féminines. Elle est donc particulièrement conseillée aux femmes après la ménopause.
- *La menthe* est stimulante. Elle diminue les risques de fermentation intestinale.
- *Le cerfeuil* stimule la circulation sanguine. Il est également globalement tonifiant.
- *La marjolaine* (c'est une variété de thym) apaise la tension nerveuse et favorise le sommeil.

AUBERGINE : LE COUPE-FAIM IDÉAL

Voilà encore une base de la cuisine méditerranéenne : ratatouille en Provence, caviar d'aubergine au Liban, moussaka en Grèce… Même si elle n'est pas très riche en nutriments, l'aubergine en fournit tout de même une grande variété, notamment les minéraux et vitamines protecteurs des cellules. Elle apporte également beaucoup d'eau et du potassium, ce qui la rend diurétique. Enfin, ses fibres provoquent une satiété rapide, ce qui est très utile lorsqu'on désire perdre un peu de poids.

Trucs magiques

Le seul problème, c'est que les aubergines se gorgent d'huile lorsqu'on les fait frire. De vraies éponges ! Pour contourner cet écueil, je vous conseille de les faire d'abord sécher au four pendant 10 à 15 minutes, coupées en rondelles épaisses. Une fois débarrassées d'une partie de leur eau, elles peuvent se cuisiner beaucoup plus sainement (en sauce tomate, sautées avec des herbes aromatiques…).

Vous pouvez également les cuire au four, entières et non épluchées, puis les couper en deux et les vider de leur chair. Celle-ci peut alors être écrasée à la fourchette, avec un peu de citron, d'huile d'olive et de fromage de chèvre frais (à tartiner sur du pain grillé). Côté saveur, elles se marient très facilement avec les légumes, les volailles, les poissons, les épices… N'hésitez pas à inventer des mélanges.

BROCOLI : PROTECTEUR PAR EXCELLENCE

C'est une mine de vitamines antivieillissement. Il contient aussi des minéraux, notamment du calcium qui participe à l'entretien de la solidité osseuse. Ses fibres facilitent le transit intestinal. Sa richesse en eau et en potassium le rend diurétique. Et comme si tout cela n'était pas suffisant, c'est l'un des seuls légumes à avoir fait la preuve de son action protectrice contre certains cancers, notamment ceux qui touchent aux voies digestives.

Le brocoli n'est pas le seul légume de la famille des choux que nous devrions consommer de manière régulière. Le chou-fleur, le chou vert ou blanc, le chou rouge… sont également tout à fait bénéfiques pour votre santé. Ne vous en privez pas !

Trucs magiques

Très utilisé dans la cuisine italienne, il peut être accommodé de multiples manières : cuit à la vapeur, à l'étouffée, au gratin, il se marie à merveille avec l'huile d'olive et le fromage de chèvre frais. Vous pouvez même consommer crus ses petits bouquets jeunes et tendres. Évitez seulement de le faire cuire à l'eau, car ses vitamines sont détruites par la chaleur et ses minéraux fuient dans l'eau de cuisson.

COQUILLAGES ET FRUITS DE MER : LE TONUS SANS SOUCI

Crevettes, huîtres, moules, coquilles Saint-Jacques, mais aussi calmars ou seiches, le monde marin regorge d'aliments bénéfiques. Tous sont pauvres en matières grasses, riches en bonnes protéines et bourrés de minéraux indispensables. Ce sont les maîtres absolus du tonus physique et psychique. Ils contribuent aussi à stimuler nos défenses immunitaires.

Trucs magiques
Huîtres et moules peuvent se consommer crues si elles sont bien fraîches. Les autres doivent être cuisinés, mais la cuisson est rapide et l'assaisonnement facile. Il suffit de quelques minutes au four, avec un filet de jus de citron, un peu d'huile d'olive et des aromates. La vapeur leur convient également très bien. On trouve facilement des coquillages et des fruits de mer frais sur les étals des poissonniers, exception faite des grosses crevettes qui ne supportent pas le transport depuis leur lointain lieu de pêche (elles vivent dans les eaux chaudes). Il vaut mieux les acheter encore congelées pour maîtriser soi-même la décongélation, qui est assez rapide.

COURGETTE : ANTIDIABÈTE ET ANTICHOLESTÉROL

C'est un excellent draineur qui aide l'organisme à se débarrasser de ses déchets. Or, un corps régulièrement nettoyé fonctionne mieux. De plus, la courgette apporte des fibres exceptionnelles qui, outre qu'elles régularisent le transit intestinal, freinent l'assimilation des sucres et des graisses consommés au cours du même repas. Un atout de poids pour les personnes ayant une tendance au diabète, à l'excès de cholestérol ou aux problèmes cardio-vasculaires. La courgette apporte, en plus, une grande variété de vitamines et de minéraux, en petites quantités certes, mais qui viennent s'ajouter au contenu des autres aliments que vous consommez en même temps qu'elle.

Trucs magiques

Voilà encore une excellente base de cuisine ! La courgette a une saveur légère qui se marie facilement. Elle possède une texture qui lui permet de remplacer avantageusement la pomme de terre dans les purées de légumes ou les potages. Tout est donc possible. Cuisez-la à la vapeur (plutôt que bouillie, car cela lui permet de conserver ses nombreux nutriments) et assaisonnez-la d'un filet d'huile d'olive et d'une persillade. Cuisinez-la à l'étouffée avec d'autres légumes. Poêlez-la et rehaussez au dernier moment d'un peu de vinaigre balsamique. Farcissez-la de volaille et de riz et cuisez-la au four... Vous pouvez même la déguster crue, en lanières, à condition qu'elle soit petite et très fraîche.

DAURADE : UNE SOURCE DE PROTÉINES « ROYALE »

Rose, grise, royale… la daurade est un poisson très courant en Méditerranée. Elle ne fait pas partie des poissons gras, mais elle reste très bénéfique pour la santé. La daurade apporte de grandes quantités d'excellentes protéines, indispensables à de nombreuses fonctions vitales. Les acides gras essentiels de la daurade sont de très bonne qualité, même s'ils sont peu abondants.

Enfin, ce poisson apporte une grande variété de minéraux et de vitamines qui participent à l'entretien du système nerveux, à la régulation du fonctionnement cardio-vasculaire et même à l'activité immunitaire.

Trucs magiques

La daurade étant peu grasse, n'hésitez pas à l'arroser d'huile d'olive après la cuisson. La saveur de sa chair se marie à merveille avec celle de cette huile. L'idéal est de la cuisiner au four, soit en filets (en papillote pour éviter qu'ils se dessèchent), soit entière avec des oignons et des tomates.

Vous pouvez également essayer la cuisson à la vapeur, nature, et rajouter après la cuisson l'huile d'olive, le citron et les aromates (herbes, épices…).

ÉPICES : UN TOUR DU MONDE DE SAVEURS

Elles sont utilisées comme des médicinales dans les médecines traditionnelles du monde entier, notamment celles de la Chine et de l'Inde. La cuisine crétoise leur fait une large place. Chacune possède des vertus particulières.

- *Le cumin* est plutôt tonifiant, notamment au niveau du système cardio-vasculaire et de la digestion.
- *La noix de muscade* stimule les fonctions cérébrales (concentration, mémoire...).
- *La cannelle* est un excellent désinfectant intérieur. Elle agit aussi comme un antifatigue puissant.
- *Le safran* est plutôt calmant.
- *La vanille* est à la fois apaisante sur le plan nerveux, et tonifiante dans les moments de fatigue.
- *Le curcuma* (qui entre dans la composition du curry indien) a d'importantes qualités antioxydantes et stimulantes du système immunitaire.

FENOUIL : DRAINEUR ET ANTIOXYDANT

Sa saveur anisée ne plaît pas à tout le monde. C'est dommage, car le fenouil, très utilisé en cuisine méditerranéenne, est un excellent légume. Très diurétique, il aide le corps à éliminer ses déchets. Il contient aussi des substances antioxydantes, associées à des acides gras insaturés (c'est rare dans le monde végétal). Il fournit pas mal de vitamine C et un peu de fer qui préviennent la fatigue. Enfin, ses fibres contribuent à la régularité du transit. Il a bon sur toute la ligne !

Trucs magiques

Si vous voulez le manger cru, en salade, choisissez des bulbes petits et tendres et tranchez-les en fines lamelles. Si vous voulez le cuire (à la vapeur, à l'étouffée ou au four), vous pouvez opter pour des bulbes plus gros et les couper en quartiers. Dans tous les cas, ôtez avant la préparation les plus grosses feuilles extérieures car elles sont souvent très fibreuses. Même s'il a une saveur très marquée, le fenouil se marie avec toutes sortes d'aliments : les viandes, les poissons, les légumes, mais aussi les fruits secs (dates, pruneaux…) et les épices (cumin, paprika…).

FIGUE : UN BON TRANSIT TOUT EN DOUCEUR

Pour donner des fruits, les figuiers ont besoin de soleil et d'eau. Rien d'étonnant, donc, à ce qu'ils s'épanouissent sur les bords de la Méditerranée. Leurs fruits sont riches en minéraux qui entretiennent l'harmonie du système nerveux. Les figues sont un très bon aliment du cerveau. Elles aident à lutter contre le stress et à entretenir la mémoire. Les figues fraîches contiennent, en plus, de grandes quantités de fibres douces qui régulent le transit intestinal. Enfin, les sucres qu'elles renferment en font un excellent aliment de l'effort. Que de qualités pour ce petit fruit discret…

Trucs magiques

Il existe diverses variétés de figues : vertes ou noires, petites ou grosses, précoces (printemps) ou tardives (fin de l'automne). Toutes ont une saveur douce et sucrée. Les figues se conservent mal, raison pour laquelle on n'en trouve pas très longtemps sur les marchés. Profitez-en lorsque vous en voyez. Dégustez-les telles quelles, ou ajoutez-les en lamelles dans les salades sucrées et salées. Elles se marient très bien avec les fenouils et les endives.

En revanche, elles supportent assez bien la congélation. Vous pouvez utiliser des figues congelées pour préparer des compotes, des chutneys, des confits sucrés-salés…

FROMAGE FRAIS DE CHÈVRE OU DE BREBIS : POUR UN SQUELETTE AU TOP !

Ce sont des fromages aussi intéressants sur le plan diététique que gustatif. Voilà encore une bonne source de protéines associées à peu de matières grasses. Ces fromages frais apportent aussi de bonnes quantités de calcium, indispensable à la solidité des os et à la bonne marche du système nerveux, ainsi qu'un peu de magnésium (pour rester zen) et de phosphore (pour le squelette). Ils sont très digestes et leurs composants sont facilement assimilés par l'organisme.

Trucs magiques
Vous pouvez les consommer nature, émiettés dans vos salades ou tartinés sur du pain grillé. Vous pouvez aussi les ajouter en fin de cuisson pour relever un plat de légumes à l'étouffée. Enfin, vous pouvez les cuire en papillotes (avec des légumes) ou les utiliser pour vos gratins, à la place de l'habituel gruyère. Le résultat sera moins croquant, mais très savoureux.

GRENADE : PROTECTRICE ET DRAINANTE

Ce fruit typiquement méditerranéen contient de grandes quantités de polyphénols spécifiques (les punicalagines) qui protègent naturellement contre les agressions des radicaux libres impliqués dans le vieillissement cellulaire. Au point que de nombreux compléments alimentaires antioxydants contiennent des extraits de grenade. Pourtant, rien ne vaut l'apport naturel du fruit. Car dans la grenade, ces antioxydants sont associés à d'autres nutriments, notamment les vitamines C et A, qui se combinent pour améliorer encore l'effet protecteur du fruit. Traditionnellement, la grenade est aussi utilisée pour nettoyer et régénérer l'organisme.

Trucs magiques
Choisissez vos grenades bien colorées, signe qu'elles n'ont pas été cueillies avant maturité. Leur contenu nutritionnel n'en sera que plus dense. Après les avoir décortiquées, prenez soin de bien éliminer les restes de peau blanche qui entourent les grains afin que leur saveur ne soit pas amère. Puis mettez-les dans un petit saladier et agrémentez d'un peu d'eau de fleur d'oranger ou de quelques feuilles de menthe fraîche. Toute la famille pourra s'en régaler !

HARICOTS BLANCS : L'ANTICHOLESTÉROL VÉGÉTAL

Les haricots blancs ont des vertus proches de celles des pois chiches. Ils fournissent des glucides très énergétiques, des fibres de bonne qualité, des minéraux très variés et des vitamines du groupe B. Ils possèdent deux qualités supplémentaires : ils favorisent l'élimination des déchets par les urines (à condition de boire suffisamment d'eau au cours du repas) car ils sont riches en potassium. Ils contribuent ainsi au nettoyage des artères. Comme ils contribuent, en plus, à réguler la production de cholestérol, ce sont les meilleurs amis de votre système cardio-vasculaire.

Lorsqu'ils sont bien cuits, les haricots blancs sont plus tendres que les pois chiches. Ils conviennent même aux personnes qui ont des problèmes de dentition et qui ont du mal à mâcher.

Trucs magiques

Vous pouvez utiliser soit des haricots en conserve au naturel (à rincer avant de les cuisiner) soit des haricots secs qu'il faudra faire tremper la veille dans une eau légèrement bicarbonatée, puis faire cuire le lendemain pendant environ 90 minutes.

Essayez les salades de haricots blancs à l'huile d'olive et au citron, avec des herbes et des épices (coriandre, cumin…). Vous pouvez aussi les cuisiner avec de l'ail et de la tomate, c'est délicieux en accompagnement d'une volaille ou d'un poisson. Si les haricots vous donnent des flatulences, cuisinez-les avec de l'ail et/ou du gingembre qui atténuent considérablement ce désagrément.

HUILE D'OLIVE : LA MEILLEURE AMIE DE VOTRE ORGANISME

C'est la base, le ciment, l'essence de la cuisine crétoise. Extraite du fruit de l'olivier, cette huile est utilisée depuis des millénaires tout autour du bassin méditerranéen où elle constitue une base de la cuisine. Elle contient beaucoup d'acides gras insaturés (près de 85 %), principalement de l'acide oléique. Elle fournit aussi une bonne quantité de vitamine E fortement antioxydante.

Une consommation régulière d'huile d'olive (4 cuillerées à soupe par jour) protège contre l'excès de cholestérol et contribue à réguler l'hypertension. Elle améliore nos protections naturelles contre les effets du vieillissement cellulaire. Elle est très utile au cerveau, qui a besoin de grandes quantités d'acides gras essentiels pour conserver l'indispensable souplesse de ses membranes cellulaires. Elle aide les os à fixer les minéraux (calcium, magnésium, phosphore...) qui assurent leur renouvellement et leur solidité. Enfin, elle contribue à prévenir le diabète et à réguler les états prédiabétiques légers. À elle seule, c'est presque un médicament naturel !

Trucs magiques

Le prix de l'huile d'olive varie en fonction de sa provenance et de sa qualité. Ne lésinez pas sur cette dernière, car l'huile d'olive est d'autant plus bénéfique à la santé qu'elle est extra-vierge. Les acides gras essentiels de l'huile d'olive résistent assez bien à la chaleur. C'est donc une huile de cuisson autant que d'assaisonnement.

Certaines huiles sont beaucoup plus goûteuses que d'autres. La saveur peut aller de « très douce » à « forte », voire « très forte ». Choisissez en fonction de vos préférences, mais aussi de l'usage que vous allez en faire. Il vaut mieux cuisiner avec une huile d'olive assez douce, et réserver celles de saveur forte à l'assaisonnement. Si vous n'avez pas l'habitude de consommer de l'huile d'olive, commencez par une huile de saveur très douce. Une fois habitué, vous pourrez passer à des huiles plus corsées.

LAPIN : LA VIANDE ANTIOXYDANTE

La viande de lapin est très peu grasse. Autant dire que sa consommation protège contre l'apport excessif de mauvais acides gras essentiels (saturés) présents dans la majeure partie des viandes. En revanche, ses protéines sont de très bonne qualité.

Le lapin apporte, en plus, de bonnes quantités de substances antioxydantes qui protègent les cellules contre les méfaits de l'âge (notamment du sélénium et du zinc). Il contribue ainsi à préserver la bonne qualité des artères, mais aussi des cellules cérébrales et cutanées.

Parmi les vitamines que fournit cette viande, citons particulièrement celles du groupe B (surtout la B12), indispensables au fonctionnement nerveux et cérébral. Le lapin est donc un excellent aliment pour le tonus psychique et la mémoire.

Trucs magiques

Sa faible teneur en matières grasses en fait une viande plutôt sèche, qu'il faut cuisiner avec d'autres ingrédients pour lui donner un peu de moelleux. Évitez tout de même les recettes à la crème. Préférez les associations avec des petits légumes et cuisez le tout à l'étouffée. Le lapin se prépare également en papillote avec des herbes fraîches, un peu de moutarde et un filet de jus de citron. N'hésitez pas à ajouter de l'huile d'olive crue en fin de cuisson pour optimiser l'apport en matières grasses bénéfiques pour le système cardio-vasculaire.

MÂCHE, CRESSON, PISSENLIT : DRAINAGE ASSURÉ !

L'alimentation crétoise traditionnelle intègre des quantités importantes d'une salade qu'on ne trouve pas chez nous : le pourpier. C'est lui qui assure, en association avec l'huile d'olive et le poisson, l'apport en acides gras insaturés qu'il renferme en quantité importante. On trouve difficilement du pourpier sur nos marchés, mais vous pouvez le remplacer par la mâche qui renferme elle aussi de bons acides gras, tout comme le cresson et le pissenlit.

Toutes ces salades sont diurétiques et participent au nettoyage de l'organisme. En plus, chacune de ces salades possède ses qualités propres. La mâche contient des nutriments qui renforcent le système immunitaire (fer, zinc, sélénium…). Le pissenlit est un grand draineur du foie et accélère la production de bile. Le cresson fournit du calcium (pour la solidité osseuse) et des vitamines antioxydantes (pour lutter contre les effets du vieillissement). Alors n'hésitez pas à intégrer ces salades à vos menus, à tour de rôle !

Trucs magiques

Le pissenlit possède une saveur amère qui ne plaît pas à tout le monde. Pour l'atténuer, ajoutez un œuf mollet à votre salade. La mâche et le cresson s'intègrent à merveille dans les salades composées (avec des tomates, du maïs, du concombre...). Vous pouvez aussi les cuire en potage ou en purée, avec des courgettes ou des pommes de terre.

MELON : UN ANTI-ÂGE TRÈS RAFRAÎCHISSANT

Gorgé d'eau et de potassium, il est diurétique. Bourré de fibres, il est doucement laxatif. Deux qualités importantes pour qui veut éliminer ses toxines. En plus, il contient du bêta-carotène associé à des vitamines E et C. Un vrai bouclier anti-âge. Il est également désaltérant, rafraîchissant et coupe-faim. Un must en été.

Trucs magiques

Pour choisir un bon melon, suivez votre nez et votre instinct. Si vous vous trompez, ne vous alarmez pas. Un melon peu savoureux et pas assez sucré peut être coupé en tranches et légèrement poêlé à l'huile d'olive. Salé et poivré, il accompagne ainsi parfaitement les volailles et certains poissons blancs. Pensez aussi à ajouter des cubes de melon dans vos salades salées.

NOIX : UN ANTISTRESS DE CHOIX !

Même si le noyer n'est pas un arbre spécialement méridional, la noix est une base de l'alimentation crétoise. Ce fruit, que l'on consomme le plus souvent sec, est une mine d'excellents acides gras essentiels qui protègent le système cardio-vasculaire et aident à lutter contre l'excès de cholestérol. La noix contient aussi des vitamines du groupe B, qui améliorent le travail du cerveau, stimulent la mémoire et aident à se protéger contre le stress. Elle constitue l'une des meilleures sources de magnésium, un minéral essentiel pour le cerveau et le système nerveux. Sans oublier le zinc, le fer et la vitamine E, qui ajoutent encore à ce cocktail déjà hautement bienfaisant.

Trucs magiques

Les noix se conservent facilement d'une année sur l'autre, et ce n'est pas le moindre de leurs avantages. Veillez juste à ce qu'elles ne sonnent pas creux lorsque vous les agitez près de votre oreille, signe qu'elles ne sont pas trop desséchées à l'intérieur.

Pensez à ajouter des noix à vos salades vertes, à vos salades de fruits, à vos compotes. Parsemez des noix brisées sur vos tartes et sur vos potages. Elles ajouteront un peu de croquant et rehausseront la saveur du plat.

OIGNON : BON POUR LES ARTÈRES

Cette star des aromates du soleil contient de la quercétine, une substance qui possède à la fois des vertus calmantes et des qualités antioxydantes. Indispensable dans les moments de stress. Comme l'ail, c'est un fluidifiant sanguin qui aide à se prémunir contre les risques d'obstruction artérielle. L'association de l'ail et de l'oignon est particulièrement efficace sur ce plan. L'oignon est également riche en fibres douces qui favorisent un bon transit.

Trucs magiques

Profitez de la belle saison pour acheter des jeunes oignons frais, dont la saveur est plus douce et discrète. Ils sont délicieux dans les salades et dans les légumes poêlés. Le reste de l'année, choisissez vos oignons en fonction de vos goûts : les gros oignons rouges sont plus doux, voire légèrement sucrés ; les oignons jaunes sont les plus faciles à utiliser car ils ont une saveur moyenne ; les gros oignons blancs sont plus forts et même légèrement piquants.

Si vous pleurez en épluchant vos oignons, c'est à cause d'une substance volatile irritante qui se dégage au contact de l'air. Procédez sous un filet d'eau courante ou mettez-les 10 minutes au congélateur avant de les éplucher. Vous garderez vos larmes.

PAIN COMPLET : DE L'ÉNERGIE À REVENDRE

Le pain est un véritable aliment, et non un simple accompagnement du repas. Plusieurs décennies de régimes amaigrissants forcenés l'ont doté d'une aura négative : « Le pain fait grossir. » Ce n'est pas tout à fait vrai. Le pain de bonne qualité fournit au corps l'énergie dont il a besoin sous forme de glucides complexes. Il est digeste et facilement assimilable. Il apporte de nombreux minéraux et vitamines, notamment les précieuses vitamines du groupe B et la vitamine E, ainsi que du calcium, du magnésium, du fer, du phosphore, du sélénium, du zinc... Il fournit aussi des fibres d'excellente qualité.

Une consommation régulière et raisonnable de pain (deux belles tranches par repas si celui-ci ne contient pas d'autre apport en céréales du type pâtes ou riz) contribue à prévenir la fatigue, à harmoniser le transit intestinal, à favoriser un bon fonctionnement neuro-cérébral et à entretenir la solidité osseuse.

Trucs magiques

Évitez le pain blanc, préparé à partir de farine extrêmement raffinée. Non seulement celle-ci a été « débarrassée » d'une grande partie de ses vitamines, minéraux et fibres, mais ses glucides fournisseurs d'énergie sont rendus beaucoup plus rapides. Du coup, ils passent très vite dans le sang qui se charge en sucre. Le pancréas est obligé de sécréter de grandes quantités d'insuline pour neutraliser cet afflux brutal de sucre, ce qui le fatigue. La consommation régulière de pain blanc favorise l'apparition de certains diabètes, la fatigue et les fringales incontrôlées. Choisissez donc toujours du pain complet ou semi-complet, selon ce que votre intestin tolère le mieux.

Préférez le pain préparé « au levain » et non « à la levure ». Le levain est un champignon qui fait lever la pâte, mais aussi prédigère certains composants du blé difficiles à assimiler. La levure chimique, elle, se contente de faire gonfler artificiellement la pâte sans provoquer aucune modification dans la structure même du blé. Résultat : le pain du levain est beaucoup plus digeste que le pain à la levure, et ses nombreux nutriments sont beaucoup plus facilement assimilés.

PÂTES COMPLÈTES : UN ARSENAL DE VITAMINES ET DE MINÉRAUX

Comme le pain, elles sont préparées avec de la farine de blé. Il vaut mieux privilégier les pâtes complètes, plus riches en vitamines, minéraux et fibres. Ces dernières sont également de meilleurs fournisseurs d'énergie, car leurs glucides passent plus lentement dans le sang. Outre l'énergie, les pâtes complètes fournissent une quantité importante de vitamines du groupe B qui contribuent à protéger la peau, les ongles et les cheveux contre le vieillissement.

Les pâtes complètes agissent également au niveau de l'équilibre nerveux et cérébral. Elles facilitent la production de la sérotonine, une hormone cérébrale indispensable pour la qualité du sommeil. Un bon plat de pâtes complètes au dîner permet au cerveau de sécréter suffisamment de sérotonine pour assurer une nuit sereine.

Trucs magiques

Les pâtes complètes constituent une excellente base de repas, car elles s'associent très facilement à toutes sortes de saveurs : légumes, légumineuses, volailles, poissons, épices, herbes aromatiques…

Veillez seulement à ne pas cuire les pâtes trop longtemps. Si vous prolongez le temps de cuisson, les glucides qu'elles contiennent seront transformés par la chaleur et rendus plus rapidement assimilables, ce qui nuira globalement à leur action. Préférez les pâtes *al dente*.

PASTÈQUE : DÉSALTÉRANTE ET RASSASIANTE

Fraîche, sucrée, juteuse, c'est le fruit d'été par excellence. On mange de la pastèque dans tous les pays du bassin méditerranéen. Gorgée d'eau, elle est très rafraîchissante en été. Mais elle est bien plus que cela. Elle contient notamment des quantités importantes de lycopène qui protège contre les effets du vieillissement, associé à des vitamines et des oligoéléments qui stimulent les défenses immunitaires. Sa forte teneur en sucres en fait aussi un bon fruit antifatigue, à privilégier dans les moments où l'on doit faire des efforts.

Trucs magiques

Pour choisir votre pastèque, soupesez-la. Elle doit être lourde, signe de la densité de sa chair. Cognez sa surface avec votre doigt replié, comme si vous vouliez toquer à une porte. Elle doit produire un son mat. La pastèque ne se cuit pas. Elle se décline crue dans toutes les salades (sucrées ou salées) et apprécie les aromates (coriandre, menthe, basilic…). Mais ne la découpez pas trop longtemps à l'avance (pas plus d'une demi-heure), car elle risque de ramollir et de jeter beaucoup d'eau.

POIS CHICHES : VOTRE CERVEAU VOUS DIRA MERCI

Voilà une légumineuse de base de la cuisine méditerranéenne. On trouve des pois chiches dans la cuisine des pays du Maghreb, du Liban, de la Grèce, de la Crète, de l'Italie… C'est une vraie mine de vitamines (notamment du groupe B), de minéraux (fer, cuivre, potassium, calcium, magnésium, zinc…) et de fibres d'excellente qualité. Tous ces composants en font d'excellents aliments pour réguler le fonctionnement intestinal, pour harmoniser le système cardio-vasculaire, fournir de l'énergie et prévenir la fatigue… Et surtout, ils aident à lutter contre le stress et l'anxiété, améliorent globalement l'humeur et le sommeil, et contribuent à l'entretien de la mémoire.

Trucs magiques

Si vous avez du temps à consacrer à leur préparation, vous pouvez acheter des pois chiches secs et les faire tremper la veille au soir dans de l'eau froide (additionnée d'une cuillerée à café de bicarbonate de soude pour les rendre plus tendres). Le lendemain, égouttez-les et cuisez-les pendant 45 minutes environ dans de l'eau légèrement salée. Si vous êtes pressé, vous pouvez utiliser directement des pois chiches en conserve, au naturel. Dans ce cas, il suffit de les rincer légèrement sous l'eau claire avant de les cuisiner.

Les pois chiches se mangent froid (en salade, ou en purée assaisonnée d'ail et de citron), ou chauds (dans les plats de légumes à l'étouffée, en accompagnement d'une volaille ou d'un poisson...). Leur saveur assez neutre permet de les intégrer dans d'innombrables préparations.

POIVRON : DES VERTUS DE TOUTES LES COULEURS

Rouge, jaune ou vert, il s'agit du même légume. C'est simplement le degré de maturité qui change. Dans tous les cas, le poivron est riche en fibres qui améliorent le transit et piègent une partie des graisses et des sucres alimentaires. Il contient aussi de la vitamine C en quantité, ainsi que de la vitamine E, toutes deux protectrices. Lorsqu'il est rouge, le poivron apporte en plus des quantités importantes de bêta-carotène qui, associé aux deux précédentes, constitue une parade essentielle contre les effets du vieillissement. Il apporte aussi du lycopène, qui ajoute à cette protection. Enfin, il fait partie des légumes diurétiques qui favorisent une bonne élimination des déchets.

Trucs magiques

Certaines personnes digèrent mal les poivrons crus à cause de leurs fibres. Si c'est votre cas, préférez les poivrons cuits qui ne posent pas ce genre de problèmes. Évitez de les faire frire, car ils absorbent beaucoup d'huile. Faites-les plutôt griller au four, puis arrosez-les d'un filet d'huile d'olive crue. Les poivrons ont une saveur forte qui rehausse les mélanges de légumes un peu fades. C'est lui qui donne à la ratatouille son goût incomparable. Il se marie particulièrement bien avec l'ail et la tomate.

POULET : CHOISISSEZ-LE FERMIER

Les Anciens savent bien à quel point la chair goûteuse et ferme des volatiles a perdu saveur et texture au fil des décennies, pour n'être plus aujourd'hui qu'un aliment fade et mou. Cependant, depuis une vingtaine d'années, un nouveau type d'élevage a vu le jour. On trouve aujourd'hui des poulets fermiers, le plus souvent bio, qui renouent avec la tradition. Et c'est tant mieux, car le poulet est une excellente source de protéines lorsqu'il est de bonne qualité ! À cette condition, il peut constituer un aliment phare du régime méditerranéen.

Les protéines du poulet sont associées à une quantité raisonnable de matières grasses, à condition de ne pas consommer la peau. Certains des composants de ces protéines, comme la cystéine, participent à l'entretien de la peau, des ongles et des cheveux, d'autres, comme le tryptophane, facilitent le sommeil et la lutte contre le stress.

Cuisiné avec peu de matières grasses cuites, le poulet apporte donc de quoi recharger l'organisme en bonnes protéines, en même temps qu'en vitamines du groupe B, indispensables pour garder le moral et conserver une bonne mémoire, et en fer, antifatigue.

Trucs magiques
Ne lésinez pas sur la qualité du poulet. Il vaut mieux en consommer peu (une fois par semaine par exemple) et qu'il soit une bonne source de nutriments bénéfiques. Préférez la cuisson vapeur ou à four doux, nature ou associé à des petits légumes (tomates, courgettes, poivrons, oignons, ail…). Cuisinez-le avec peu de matières grasses et ajoutez de l'huile d'olive crue en fin de cuisson afin d'optimiser l'apport en bons acides gras essentiels.

Enfin, vous pouvez le cuisiner coupé en morceaux, débarrassé de sa peau qui s'enlève « comme on ôte une chemise », et mariné dans des herbes et des aromates pour enrichir sa saveur.

RAISIN : LE GRAND NETTOYAGE

C'est le fruit draineur par excellence. À tel point que certains diététiciens recommandent d'en faire des cures à l'automne pour nettoyer l'organisme en profondeur avant l'hiver. C'est que le raisin est hautement diurétique, grâce au potassium qu'il contient en grande quantité. Il nettoie les reins et accélère l'élimination des toxines. Il contient, en plus, de grandes quantités de fibres douces qui améliorent le transit intestinal. Comme il est riche en sucres, il est très énergétique et prévient la fatigue. Enfin, il renferme des polyphénols qui protègent les parois veineuses et artérielles. Mais ces substances, enfermées dans les pépins, sont difficilement assimilables sous leur forme naturelle même lorsqu'on les avale. Les Anciens avaient trouvé la parade dès l'Antiquité : le vin ! Le foulage du raisin permet de libérer ces précieux polyphénols, et la vinification les rend plus facilement assimilables. C'est pour cette raison que le vin rouge, de bonne qualité et en quantité modérée (pas plus d'un verre par jour) fait partie intégrante de l'alimentation crétoise.

Trucs magiques
Si vous avez du mal à digérer le raisin, épluchez les grains avant de les manger. C'est un peu fastidieux, mais cela le rend beaucoup plus digeste.

Pensez à intégrer des grains de raisin dans vos salades de fruits, mais aussi dans les salades salées (mâche, raisin blanc et fromage de chèvre frais, par exemple). Il se marie très bien avec les volailles (la fameuse caille aux raisins) et certains produits marins à la saveur peu iodée (comme les calmars). Sec, le raisin perd son eau. Il perd ses vertus drainantes mais il devient très énergétique.

SARDINE : LE RÉGAL DES CELLULES

Ce poisson est couramment cuisiné tout autour du bassin méditerranéen. Même si elle fait partie des poissons semi-gras, la sardine contient de grandes quantités d'excellents acides gras essentiels (oméga 3 et oméga 6 dans des proportions très bien équilibrées). Associées à des protéines, ces graisses bénéfiques contribuent à l'entretien du système cardio-vasculaire, mais aussi du cerveau et du système nerveux. Les parois de toutes les cellules du corps sont renforcées, ce qui leur permet de mieux résister à l'assaut des radicaux libres. Ces bons acides gras contribuent enfin à l'entretien de la peau, ce qui n'est pas négligeable lorsqu'on veut conserver longtemps son teint et son éclat.

Trucs magiques :
Les sardines sont très faciles à cuisiner. Préférez la cuisson à four doux, en papillote, qui permet de rajouter peu de matières grasses. Évitez la friture ainsi que les grillades sur la braise car les grandes chaleurs abîment les nutriments. En outre, ce dernier mode de cuisson fait apparaître des composés hautement cancérigènes dans les parties carbonisées par les flammes.

Les filets de sardine se préparent également crus, marinés dans un jus de citron et des aromates. Il suffit de 2 heures de marinade pour que le citron « cuise » les filets aussi bien qu'une véritable cuisson.

Enfin, les sardines à l'huile (en conserve) sont tout à fait conseillées, à condition de les choisir de bonne qualité et de les égoutter afin d'éliminer le surplus d'huile. Si vous les consommez entières, sans enlever les arêtes, vous bénéficierez en plus d'une action de consolidation osseuse exceptionnelle.

SAUMON : UN ANTICHOLESTÉROL DE CHOC

C'est une source exceptionnelle d'excellents acides gras qui contribuent à la protection du système cardio-vasculaire, à l'entretien de la peau, à la lutte contre les effets du vieillissement... Le saumon est aussi une très bonne source de protéines, indispensables aussi bien pour la régénération des muscles que pour le fonctionnement harmonieux du système immunitaire ou la production des hormones cérébrales antistress.

Il faut rajouter à cela des minéraux (sélénium, fer, cuivre, magnésium, zinc...) et des vitamines (notamment de la vitamine E et un peu de vitamines du groupe B). Un brin de calcium et de bêta-carotène (d'où sa chair rosée) complète cette panoplie nutritionnelle exceptionnellement fournie.

Trucs magiques

Cuisinez votre saumon en filet au four ou en papillote, il sera rapidement prêt. Quelques épices et aromates compléteront sa saveur. Inutile d'ajouter des matières grasses : il en est suffisamment fourni. Mais un filet d'huile crue en fin de cuisson vous permettra de varier la saveur du plat (olive, sésame, noix...). Ne le faites pas cuire trop longtemps, sa chair est plus goûteuse lorsqu'il est encore rosé à cœur. Et si le poisson cru ne vous rebute pas, tranchez-le en lamelles ou en petits cubes et faites-le mariner dans du jus de citron vert assaisonné d'un peu de citronnelle. Simple, rapide et délicieux.

TOMATE : UNE ARME MINCEUR PLEINE DE SURPRISES

C'est la reine des légumes du soleil ! Tout autour du bassin méditerranéen, la tomate est largement utilisée en cuisine, crue ou cuite, en accompagnement ou sous forme de sauce. Ce légume très léger, digeste et rafraîchissant, possède de nombreuses vertus. Comme la tomate contient beaucoup d'eau associée à du potassium, elle est diurétique et favorise l'élimination des déchets. Elle contient, en plus, de nombreuses substances antioxydantes, notamment du lycopène. Ses nombreux minéraux (zinc, fer...) et vitamines (C, E...) stimulent, en plus, nos défenses immunitaires.

Trucs magiques

Vous pouvez la mettre « à toutes les sauces », c'est le cas de le dire. Si vous la consommez crue, ne la préparez pas trop longtemps à l'avance pour éviter qu'elle ramollisse et perde son jus. Salez-la au dernier moment. Si vous devez la préparer en sauce ou l'intégrer à un plat contenant d'autres ingrédients, comme une ratatouille, mieux vaut l'éplucher d'abord, après l'avoir plongée quelques secondes dans de l'eau bouillante. La pellicule qui protège sa surface se détache ainsi très facilement de la chair. Enfin, pensez à cuisiner la tomate au four ou à la poêle, farcie ou assaisonnée d'herbes aromatiques (comme la célèbre persillade). Dans ce cas, prévoyez de la faire cuire longtemps et à faible température : c'est le mode de cuisson qui lui convient le mieux !

QUATRIÈME PARTIE

LES RECETTES MAGIQUES 4 INGRÉDIENTS

Avant de vous mettre aux fourneaux, reste à savoir comment organiser vos repas. Une ration de protéines animales chaque jour (produits de la mer ou volailles) suffit largement. L'autre repas sera organisé autour de céréales, légumineuses et légumes frais. Pour le reste, c'est surtout le choix des aliments et la manière de les cuisiner qui fera la différence.

Voici à quoi ressembleront vos journées :

AU PETIT DÉJEUNER

- 1 laitage : yaourt, fromage blanc ou fromage frais
- 2 tranches de pain complet, éventuellement tartinées d'un peu de miel
- 1 fruit frais
- 1 boisson chaude

AU DÉJEUNER

- 1 entrée : crudité, potage, salade composée, entrée cuisinée…
- 1 portion de volaille ou de poisson accompagnée de légumes
- Un dessert lacté (fromage frais, yaourt…) ou 1 fruit
- 2 tranches de pain complet

AU DÎNER

- 1 entrée : crudité, potage, salade composée, entrée cuisinée…
- 1 plat de céréales (pâtes, riz, graine de couscous…) accompagné de légumes frais ou de légumineuses
- 1 dessert lacté (fromage frais, yaourt…) ou 1 fruit

EN CAS DE PETITE FAIM ENTRE LES REPAS

- 1 fruit
- 1 yaourt ou une tranche de pain complet avec un peu de fromage de chèvre frais

Vous pouvez intervertir les repas de midi et du soir en fonction de vos envies. L'essentiel est que, dans une même journée, vous savouriez un seul repas comportant une protéine animale.

À NOTER

Les ingrédients entre parenthèses sont les produits de base nécessaire à toute recette : huile, vinaigre, sel, poivre et miel. Ils ne figurent donc pas parmi les « 4 ingrédients ».

DES POTAGES ENSOLEILLÉS

SOUPE DE COURGETTES AU BASILIC

Drainante, digestive, bonne pour le transit

POUR 4 PERSONNES
PRÉPARATION : 10 MINUTES
CUISSON : 20 MINUTES

Ingrédients : 500 g de courgettes ; 1 oignon jaune ; 2 pommes de terre de taille moyenne ; 10 branches de basilic (1 c. à s. d'huile d'olive ; sel et poivre).

- Épluchez l'oignon et coupez-le en quartiers. Pelez les courgettes et les pommes de terre et tranchez-les en lamelles.
- Mettez les pommes de terre et les oignons dans une casserole avec 1 litre d'eau. Salez, poivrez, couvrez et laissez cuire à feu moyen 10 minutes. Puis ajoutez les courgettes et ½ litre d'eau, et faites mijoter encore 10 minutes.
- Versez le tout dans le bol de votre mixeur et mixez pour obtenir un potage bien lisse. Ajoutez l'huile d'olive et les feuilles de basilic rincées, puis mixez à nouveau pour que tous les ingrédients se mélangent.
- Servez chaud ou froid.

MON « TOUR DE MAGIE » CRÉTOIS

Si vous faites attention à votre ligne, préparez ce potage sans pomme de terre. Pour lui donner de l'onctuosité, remplacez alors l'huile d'olive par ½ avocat coupé en dés avant de mixer.

CRÈME DE CAROTTES AU LAIT D'AMANDE

Antioxydante, antistress, antifatigue

POUR 4 PERSONNES
PRÉPARATION : 10 MINUTES
CUISSON : 20 MINUTES

Ingrédients : 1 kg de carottes ; 20 cl de lait d'amande ; 1 c. à s. de curry (sel et poivre).

- Épluchez les carottes et tranchez-les en rondelles.
- Mettez-les dans une casserole avec 1,5 litre d'eau. Salez, poivrez, couvrez et faites cuire à feu moyen pendant 20 minutes.
- Prélevez les carottes avec une écumoire et versez-les dans le bol de votre mixeur. Ajoutez le curry et le lait d'amande. Mixez, en incorporant progressivement quelques louches d'eau de cuisson des carottes jusqu'à obtenir une crème lisse, pas trop liquide.
- Servez chaud.

MON « TOUR DE MAGIE » CRÉTOIS

Vous pouvez remplacer le curry par un mélange de curcuma et de gingembre moulu, et le lait d'amande par du lait de coco. En été, optez pour les herbes aromatiques à la place des épices : persil et coriandre par exemple.

POTAGE DE TOMATE À LA MENTHE

Drainant, antioxydant, bon pour le système cardio-vasculaire

POUR 4 PERSONNES
PRÉPARATION : 10 MINUTES
CUISSON : 30 MINUTES

Ingrédients : 600 g de tomates mûres ; 2 pommes de terre de taille moyenne ; 3 gousses d'ail ; 10 branches de menthe (2 c. à s. d'huile d'olive ; sel et poivre).

- Rincez les tomates, épépinez-les et coupez-les en quartiers. Épluchez les pommes de terre et tranchez-les en cubes.
- Versez le tout dans une casserole avec les gousses d'ail non épluchées, salez, poivrez et ajoutez 1,5 litre d'eau. Couvrez et laissez cuire à feu moyen pendant 30 minutes.
- Prélevez les gousses d'ail avec une écumoire et déposez-les dans une assiette. Appuyez dessus avec le dos d'une cuillère pour en extraire la purée d'ail.
- Versez le contenu de la casserole dans votre mixeur et ajoutez la purée d'ail. Mixez pour obtenir une soupe bien lisse. Ajoutez les feuilles de menthe rincées et l'huile d'olive. Mixez à nouveau. Servez immédiatement.

MON « TOUR DE MAGIE » CRÉTOIS

En été, préparez cette soupe à l'avance et conservez-la au réfrigérateur. Servez-la glacée, avec des tranches de pain grillées frottées à l'ail. En toutes saisons, vous pouvez varier les aromates : coriandre, basilic, ciboulette...

CRÈME D'AUBERGINE AU CURCUMA

Antioxydante, bonne pour le transit, coupe-faim

POUR 4 PERSONNES
PRÉPARATION : 8 MINUTES
CUISSON : 30 MINUTES

Ingrédients : 2 grosses aubergines ; 1 c. à s. de curcuma moulu ; 1 tablette de bouillon de volaille dégraissé ; 2 c. à s. de fromage de chèvre frais (2 c. à s. d'huile d'olive ; sel et poivre).

- Rincez les aubergines, coupez-les en deux et placez-les dans le panier de votre cuiseur-vapeur. Laissez cuire 30 minutes.
- Pendant ce temps, chauffez ½ litre d'eau et faites-y fondre la tablette de bouillon.
- Lorsque les aubergines sont bien tendres, prélevez leur chair avec une cuillère et déposez-la dans le bol de votre mixeur. Ajoutez le curcuma, le fromage de chèvre et l'huile.
- Mixez en incorporant progressivement quelques louches de bouillon, jusqu'à obtenir une crème bien lisse et pas trop épaisse. Au besoin rectifiez l'assaisonnement (sel et poivre).
- Servez chaud.

MON « TOUR DE MAGIE » CRÉTOIS

En été, préparez vos aubergines de la même manière et mixez-les sans bouillon de manière à obtenir une crème plus épaisse, que vous étalerez ensuite sur des tartines de pain grillées. Idéal pour accompagner l'apéritif.

SOUPE À L'AIL ET À L'OIGNON

Antioxydante, digeste, anti-infectieuse

POUR 4 PERSONNES
PRÉPARATION : 10 MINUTES
CUISSON : 25 MINUTES

Ingrédients : 3 gros oignons jaunes ; 4 gousses d'ail ; 100 g de vermicelles ; 1 tablette de bouillon de volaille dégraissé (sel et poivre).

- Chauffez 1,5 litre d'eau dans une casserole, puis faites-y fondre la tablette de bouillon.
- Pendant ce temps, épluchez les oignons et les gousses d'ail puis tranchez-les en lamelles. Ajoutez le tout dans le bouillon, poivrez, couvrez et laissez cuire à feu moyen 20 minutes.
- Versez le tout dans le bol de votre mixeur et mixez pour obtenir un potage bien lisse.
- Reversez dans la casserole, ajustez au besoin l'assaisonnement (sel et poivre) et faites chauffer à petit feu. Dès que la soupe frissonne, jetez-y les vermicelles en pluie et laissez cuire 5 minutes. Servez immédiatement.

MON « TOUR DE MAGIE » CRÉTOIS

Pour donner plus d'onctuosité à la soupe, ajoutez deux jaunes d'œufs et battez très lentement juste avant d'intégrer les vermicelles. Une pincée de noix de muscade relève agréablement la saveur du plat.

CRÈME DE FENOUIL AU SAFRAN

Antistress, drainante, bonne pour le transit

POUR 4 PERSONNES
PRÉPARATION : 10 MINUTES
CUISSON : 30 MINUTES

Ingrédients : 4 fenouils ; 2 courgettes ; 1 dosette de safran en poudre ; 15 cl de crème de riz (sel et poivre).

- Lavez les fenouils, éliminez les feuilles extérieures si elles sont trop fermes, puis tranchez-les en fines lamelles. Rincez les courgettes, épluchez-les en laissant un lai de peau sur deux puis coupez-les en rondelles.
- Mettez le tout dans une casserole avec 1,5 litre d'eau. Salez, poivrez, couvrez et faites cuire 30 minutes à feu moyen.
- Lorsque les légumes sont bien tendres, versez le tout dans le bol de votre mixeur avec le safran et la crème de riz. Mixez jusqu'à obtenir une crème bien lisse.
- Servez chaud.

MON « TOUR DE MAGIE » CRÉTOIS

Pour varier la saveur, remplacez le safran par du paprika ou du curry. Si vous n'avez pas de crème de riz sous la main, utilisez de la crème d'amande (non sucrée) ou du fromage de chèvre frais.

POTAGE DE MÂCHE AUX PIGNONS

Bon pour le cerveau et le système nerveux, minceur

POUR 4 PERSONNES
PRÉPARATION : 5 MINUTES
CUISSON : 20 MINUTES

Ingrédients : 400 g de mâche ; 2 courgettes ; 1 avocat ; 2 c. à s. de pignons de pin (sel et poivre).

- Rincez la mâche et égouttez-la. Épluchez les courgettes et coupez-les en rondelles.
- Mettez le tout dans une casserole avec 1,5 litre d'eau. Salez, poivrez, couvrez et laissez cuire 20 minutes à feu moyen.
- Versez le tout dans le bol de votre mixeur et ajoutez la chair de l'avocat coupée en dés. Mixez pour obtenir un potage bien lisse.
- Servez dans des bols individuels, sur lesquels vous parsemez les pignons de pin.

MON « TOUR DE MAGIE » CRÉTOIS

Ce potage peut se préparer avec n'importe quelle salade goûteuse : de la roquette, du pissenlit, des cœurs de sucrine... Pour varier la saveur, ajoutez quelques herbes fraîches de saison : ciboulette, cerfeuil, basilic...

CRÈME D'ARTICHAUTS AUX HERBES

Drainante, bonne pour le transit, régule la glycémie

POUR 4 PERSONNES
PRÉPARATION : 5 MINUTES
CUISSON : 30 MINUTES

Ingrédients : 800 g de fonds d'artichauts surgelés ; 2 c. à s. de fromage de chèvre frais ; 10 brins de ciboulette ; 10 branches de cerfeuil (sel et poivre).

- Placez vos fonds d'artichauts dans une grande casserole et ajoutez 1,5 litre d'eau. Salez, poivrez, couvrez et laissez cuire 30 minutes à feu moyen.
- Pendant ce temps, prélevez les feuilles de cerfeuil. Rincez-les, ainsi que la ciboulette. Ciselez-les finement.
- Lorsque les artichauts sont bien tendres (vérifiez avec la pointe d'un couteau), versez le tout dans le bol de votre mixeur, ajoutez le fromage de chèvre frais et mixez pour obtenir une crème bien lisse.
- Répartissez la crème dans des bols individuels et parsemez-les avec le mélange d'herbes. Servez immédiatement.

MON « TOUR DE MAGIE » CRÉTOIS

Pour diminuer le temps de cuisson, sortez vos artichauts du congélateur 4 heures plus tôt. Il suffira alors de 20 minutes de cuisson. Quant aux herbes, vous pouvez les varier bien sûr en fonction de vos envies. Un mélange d'ail et de persil est tout aussi délicieux, ainsi que la menthe et le basilic en été.

DES SALADES SUPER-SAVOUREUSES

SALADE DE TOMATES À LA FETA

Antioxydante, drainante, minceur

POUR 4 PERSONNES
PRÉPARATION : 5 MINUTES
SANS CUISSON

Ingrédients : 500 g de tomates ; 100 g de feta ; 1 gousse d'ail ; 10 branches de basilic (3 c. à s. d'huile d'olive ; 1 c. à s. de vinaigre balsamique ; sel et poivre).

- Rincez les tomates sous l'eau claire et essuyez-les soigneusement. Ôtez leur pédoncule, épépinez-les et coupez-les en dés.
- Égouttez la feta et tranchez-la en cubes.
- Épluchez la gousse d'ail, puis réduisez-la en purée avec un presse-ail.
- Dans un plat creux, versez d'abord la purée d'ail, le vinaigre, le sel et le poivre. Mélangez bien, puis incorporez l'huile en mince filet sans cesser de remuer.
- Ajoutez les dés de tomates et les cubes de feta, puis mélangez délicatement.
- Prélevez les feuilles de basilic, rincez-les et ciselez-les. Parsemez sur les tomates. Servez immédiatement.

MON « TOUR DE MAGIE » CRÉTOIS

Ne préparez pas cette salade trop longtemps à l'avance, car les tomates jettent beaucoup d'eau. Au besoin, préparez la sauce à part et versez-la au dernier moment dans les tomates, ainsi que le basilic ciselé.

SALADE DE POIS CHICHES À LA CORIANDRE

Antistress, antifatigue, régule la glycémie

POUR 4 PERSONNES
PRÉPARATION : 5 MINUTES
SANS CUISSON

Ingrédients : 1 boîte de pois chiches au naturel (450 g environ) ; 1 oignon rouge ; 12 branches de coriandre (3 c. à s. d'huile d'olive ; 1 c. à s. de vinaigre ; sel et poivre).

- Égouttez les pois chiches et rincez-les sous l'eau claire.
- Épluchez l'oignon et coupez-le en petits dés. Prélevez les feuilles de la coriandre, rincez-les et ciselez-les.
- Dans le fond d'un saladier, versez d'abord le vinaigre, le sel et le poivre. Mélangez bien et incorporez l'huile en mince filet sans cesser de remuer.
- Ajoutez les oignons et la coriandre, mélangez et laissez reposer quelques instants.
- Intégrez les pois chiches, remuez et conservez au frais jusqu'au moment de servir.

MON « TOUR DE MAGIE » CRÉTOIS

À l'inverse de la précédente, cette salade est meilleure si vous laissez le temps aux pois chiches de s'imprégner de sauce. Une heure ou deux au réfrigérateur ne lui font pas peur. Pensez seulement à la sortir au moins 15 minutes avant de la déguster afin qu'elle ne soit pas trop glacée.

SALADE DE FENOUIL AU PAPRIKA

Drainante, coupe-faim, minceur

POUR 4 PERSONNES
PRÉPARATION : 10 MINUTES
SANS CUISSON

Ingrédients : 3 fenouils ; 1 gousse d'ail ; 1 c. à c. de paprika moulu (3 c. à s. d'huile d'olive ; 1 c. à s. de vinaigre ; sel et poivre).

- Rincez les fenouils et éliminez les feuilles extérieures si elles sont trop fermes. Puis tranchez-les en fines lamelles.
- Épluchez la gousse d'ail et réduisez-la en purée avec un presse-ail. Versez cette purée dans le fond d'un saladier, puis ajoutez le vinaigre, le sel et le paprika. Mélangez bien, puis intégrez l'huile en mince filet sans cesser de remuer.
- Versez les fenouils dans la sauce et mélangez. Conservez au réfrigérateur jusqu'au moment de servir.

MON « TOUR DE MAGIE » CRÉTOIS

Choisissez des petits fenouils afin qu'ils ne soient pas trop fibreux. Pour varier les saveurs, remplacez le paprika par du curry ou un mélange de cumin et de cannelle moulus. Essayez aussi avec de l'huile de sésame, c'est délicieux.

SALADE DE MÂCHE AUX ANCHOIS MARINÉS

Bonne pour le système cardio-vasculaire et pour le transit

POUR 4 PERSONNES
PRÉPARATION : 10 MINUTES
MACÉRATION : 30 MINUTES

Ingrédients : 150 g de mâche ; 12 anchois au sel ; 1 c. à s. de cerneaux de noix brisés (3 c. à s. d'huile d'olive ; 1 c. à s. de vinaigre ; poivre).

- Rincez très soigneusement les anchois sous l'eau claire de manière à éliminer un maximum de sel. Puis prélevez les filets et coupez-les en tronçons de 2 à 3 cm.
- Arrangez-les dans un bol, ajoutez l'huile, le vinaigre et le poivre. Remuez-les avec une fourchette pour qu'ils soient bien recouverts d'huile et laissez reposer 30 minutes.
- Pendant ce temps, rincez la mâche et essorez-la.
- Versez les anchois et leur sauce dans le fond d'un saladier, puis ajoutez la mâche. Mélangez bien, puis saupoudrez avec les cerneaux de noix. Servez immédiatement.

MON « TOUR DE MAGIE » CRÉTOIS

Pour que cette salade soit plus « consistante », servez-la avec des tranches de pain complet grillées et frottées à l'ail. Plus vous laissez mariner les anchois, plus la sauce sera savoureuse. Mais intégrez la mâche au dernier moment afin qu'elle ne se flétrisse pas.

SALADE DE POMMES DE TERRE AUX OIGNONS FRAIS

Coupe-faim, antifatigue, antistress

POUR 4 PERSONNES
PRÉPARATION : 10 MINUTES
CUISSON : 20 MINUTES

Ingrédients : 500 g de pommes de terre ; 1 botte d'oignons frais ; 100 g de feta (4 c. à s. d'huile d'olive ; 1 c. à s. de vinaigre ; sel et poivre).

- Épluchez les pommes de terre, rincez-les et coupez-les en dés. Faites-les cuire 20 minutes à la vapeur.
- Pendant ce temps, nettoyez les oignons et tranchez-les en fines lamelles. Égouttez la feta et coupez-la en petits cubes.
- Dans le fond d'un saladier, versez le vinaigre, le sel et le poivre. Mélangez, puis ajoutez l'huile en mince filet sans cesser de remuer.
- Intégrez les oignons et la feta, mélangez et laissez reposer jusqu'à ce que les pommes de terre soient cuites.
- Versez les pommes de terre encore chaudes dans le saladier et remuez. Laissez tiédir à température ambiante avant de servir.

MON « TOUR DE MAGIE » CRÉTOIS

Cette salade est très tendre en bouche. Pour lui donner du croquant, ajoutez des cerneaux de noix brisés ou des petits cubes de poivron rouge cru. Un peu de persil ciselé lui donne une saveur supplémentaire.

SALADE DE RIZ AU SAUMON FRAIS

Bonne pour le système cardio-vasculaire et pour le cerveau, antistress

POUR 4 PERSONNES
PRÉPARATION : 10 MINUTES
MACÉRATION : 30 MINUTES
CUISSON : 20 MINUTES

Ingrédients : 300 g de riz complet ; 1 filet de saumon d'environ 300 g ; 2 échalotes ; 1 citron (4 c. à s. d'huile d'olive ; sel et poivre).

- Nettoyez le filet de saumon (ôtez la peau et les arêtes) puis coupez la chair en tout petits dés. Pressez le citron. Épluchez les échalotes et tranchez-les en fines lamelles.
- Versez les dés de poisson dans un saladier, avec l'huile, les échalotes et le jus du citron. Salez, poivrez, mélangez et laissez reposer 30 minutes.
- Pendant ce temps, faites cuire le riz 20 minutes dans de l'eau salée (adaptez le temps de cuisson aux indications figurant sur le paquet).
- Dès que le riz est cuit, égouttez-le et versez-le encore chaud dans le saladier. Mélangez et laissez tiédir à température ambiante avant de servir.

MON « TOUR DE MAGIE » CRÉTOIS

Lorsque vous êtes pressé, préparez cette salade avec des dés de saumon fumé. Il suffira de les laisser mariner 5 minutes dans la sauce. Au moment de servir, vous pouvez ajouter des herbes ciselées : aneth et cerfeuil, ou basilic et persil.

SALADE TRICOLORE

Coupe-faim, antifatigue, bonne pour le transit

POUR 4 PERSONNES
PRÉPARATION : 10 MINUTES
CUISSON : 20 MINUTES

Ingrédients : 400 g de pommes de terre ; 1 betterave cuite ; ½ pied de céleri branche ; 10 branches de persil (4 c. à s. d'huile d'olive ; 2 c. à s. de vinaigre ; sel et poivre).

- Épluchez les pommes de terre, coupez-les en cubes et faites-les cuire 20 minutes à la vapeur.
- Pendant ce temps, pelez la betterave et tranchez-la en dés. Épluchez les branches de céleri pour éliminer les fils, puis coupez-les en lamelles.
- Dans le fond d'un saladier, versez le vinaigre, le sel et le poivre. Mélangez, puis intégrez l'huile en mince filet sans cesser de remuer. Ajoutez la betterave et le céleri.
- Lorsque les pommes de terre sont cuites, versez-les encore chaudes dans le saladier et mélangez.
- Prélevez les feuilles de persil, rincez-les et ciselez-les. Parsemez sur la salade au moment de servir.

MON « TOUR DE MAGIE » CRÉTOIS

Des lamelles de fenouil peuvent remplacer le céleri. Pour rendre cette salade plus drainante, remplacez les pommes de terre par du céleri-rave râpé.

SALADE DE HARICOTS BLANCS AUX HERBES

Antistress, bonne pour le transit, bonne pour le système cardio-vasculaire

POUR 4 PERSONNES
PRÉPARATION : 10 MINUTES
SANS CUISSON

Ingrédients : 1 boîte de haricots blancs au naturel (450 g environ) ; 1 botte d'oignons frais ; 6 branches de persil ; 10 brins de ciboulette (4 c. à s. d'huile d'olive ; 2 c. à s. de vinaigre ; sel et poivre).

- Égouttez les haricots blancs et rincez-les rapidement sous l'eau claire. Nettoyez les oignons et tranchez-les en lamelles.
- Prélevez les feuilles de persil et ciselez-les, ainsi que la ciboulette.
- Dans le fond d'un saladier, versez le vinaigre, le sel et le poivre. Mélangez, puis intégrez l'huile en mince filet sans cesser de remuer. Ajoutez les oignons et les herbes ciselées.
- Versez les haricots et mélangez. Conservez à température ambiante jusqu'au moment de servir.

MON « TOUR DE MAGIE » CRÉTOIS

Les haricots blancs ont une saveur suffisamment neutre pour accepter toutes les herbes fraîches. Basilic, menthe, coriandre, cerfeuil... permettent de varier le goût de cette salade.

SALADE TIÈDE DE LENTILLES AU THON

Bonne pour le système cardio-vasculaire et pour le cerveau, coupe-faim

POUR 4 PERSONNES
PRÉPARATION : 5 MINUTES
CUISSON : 1 HEURE
TREMPAGE : 1 HEURE

Ingrédients : 1 boîte de thon au naturel (150 g environ) ; 300 g de lentilles du Puy ; 2 échalotes ; ½ c. à c. de cumin moulu (4 c. à s. d'huile d'olive ; 2 c. à s. de vinaigre ; sel et poivre).

- Faites tremper les lentilles 1 heure dans l'eau froide. Égouttez-les et faites-les cuire à la vapeur pendant 1 heure.
- 10 minutes avant la fin de la cuisson, égouttez le thon et émiettez-le. Épluchez les échalotes et tranchez-les en lamelles.
- Dans le fond d'un saladier, versez le vinaigre, le cumin, les échalotes, du sel et du poivre. Mélangez, puis intégrez l'huile en mince filet sans cesser de remuer. Ajoutez le thon.
- Dès que les lentilles sont cuites (elles ne doivent pas être trop fondantes), versez-les dans le saladier et remuez.
- Laissez tiédir à température ambiante avant de servir.

MON « TOUR DE MAGIE » CRÉTOIS

Pour diminuer le temps de trempage des lentilles, ajoutez 1 c. à s. de bicarbonate dans l'eau. Et lorsque vous manquez de temps, utilisez des lentilles en conserve, au naturel, bien égouttées.

Des entrées « spécial Méditerranée »

TARTINES GRILLÉES À LA PURÉE DE FÈVE

Antistress, régulent la glycémie, coupe-faim

POUR 4 PERSONNES
PRÉPARATION : 10 MINUTES
CUISSON : 20 MINUTES

Ingrédients : 4 belles tranches de pain complet (ou 8 petites) ; 250 g de fèves surgelées écossées ; 2 gousses d'ail ; ½ c. à c. de cumin moulu (2 c. à s. d'huile d'olive ; sel et poivre).

- Faites chauffer de l'eau salée à feu vif dans une casserole. Dès qu'elle bout, jetez-y les fèves encore congelées et les gousses d'ail entières, non épluchées.
- Dès que l'ébullition reprend, baissez légèrement le feu et laissez cuire 15 minutes (l'eau doit juste frissonner).
- Lorsque les fèves sont cuites, égouttez-les. Prélevez les gousses d'ail et écrasez-les dans une petite assiette pour en extraire la purée.
- Versez les fèves dans le bol de votre mixeur, ajoutez la purée d'ail et le cumin. Salez et poivrez. Mixez en intégrant progressivement l'huile pour obtenir une pâte pas trop lisse.
- Faites griller le pain complet (au grille-pain ou au four), puis tartinez avec la purée de fève. Servez immédiatement.

MON « TOUR DE MAGIE » CRÉTOIS

Pendant la saison des fèves fraîches (elle est courte !), utilisez-les pour préparer la purée. La cuisson est très rapide (5 à 10 minutes selon leur grosseur). Mais il faut un peu de temps pour les écosser…

AUBERGINES GRATINÉES À LA MOZZARELLA

Coupe-faim, bonnes pour le transit, antioxydantes

POUR 4 PERSONNES
PRÉPARATION : 10 MINUTES
CUISSON : 60 MINUTES

Ingrédients : 2 aubergines ; 2 tomates ; 2 gousses d'ail ; 150 g de mozzarella (2 c. à s. d'huile d'olive ; sel et poivre).

- Préchauffez votre four à 210 °C (th. 7).
- Rincez les aubergines et essuyez-les soigneusement. Ôtez leur pédoncule, puis coupez-les en tranches d'environ ½ cm d'épaisseur, sans les éplucher.
- Arrangez-les bien à plat sur la plaque du four. Salez légèrement et enfournez. Laissez cuire 15 minutes environ, en les retournant à mi-cuisson.
- Pendant ce temps, rincez les tomates, épépinez-les et coupez-les en tranches fines. Épluchez l'ail et tranchez-le en lamelles. Égouttez la mozzarella et découpez-la en tranches.
- Sortez les aubergines du four. Dans un moule en terre, arrangez la moitié des aubergines et arrosez-les avec 1 c. à s. d'huile. Couvrez avec les tranches de tomates et d'ail, et la moitié de la mozzarella. Salez et poivrez.
- Recouvrez avec le reste des aubergines, arrosez-les avec la deuxième c. à s. d'huile, salez, poivrez et terminez avec les dernières tranches de mozzarella.
- Baissez le four à 180 °C (th. 6). Enfournez et laissez cuire 45 minutes, jusqu'à ce que le gratin soit bien confit. Servez chaud ou froid.

MON « TOUR DE MAGIE » CRÉTOIS

Vous pouvez préparer les aubergines à l'avance (la veille par exemple) et les laisser mariner dans l'huile d'olive. Le lendemain, vous n'aurez qu'à dresser le plat et le faire cuire au four. Quelques brins de thym ou de marjolaine parsemés à la surface renforcent la saveur méditerranéenne du plat.

POIVRONS GRILLÉS À L'AIL

Bons pour le système cardio-vasculaire, antioxydants, minceur

POUR 4 PERSONNES
PRÉPARATION : 10 MINUTES
CUISSON : 20 MINUTES
REPOS : 30 MINUTES

Ingrédients : 1 gros poivron rouge ; 1 gros poivron vert ; 2 gousses d'ail ; 2 pincées de piment d'Espelette moulu (3 c. à s. d'huile d'olive ; sel et poivre).

- Préchauffez votre four à 200 °C (th. 6-7). Déposez les poivrons sur la plaque du four, sans les rincer ni les éplucher. Enfournez et laissez cuire 20 minutes environ, en les retournant à mi-cuisson.
- Lorsque les poivrons sont grillés, sortez-les du four et enveloppez-les immédiatement dans plusieurs couches de papier journal. Laissez-les refroidir 30 minutes.
- Pendant ce temps, épluchez les gousses d'ail et réduisez-les en purée avec un presse-ail. Mélangez la purée d'ail avec l'huile. Salez, poivrez, ajoutez le piment d'Espelette et remuez.
- Lorsque les poivrons sont tièdes, sortez-les du papier journal, prélevez la fine pellicule de peau qui s'est détachée de la chair et découpez la chair en lanières. Arrangez les poivrons dans un plat creux et arrosez-les avec la sauce.
- Laissez reposer à température ambiante jusqu'au moment de servir.

MON « TOUR DE MAGIE » CRÉTOIS

Vous pouvez préparer ces poivrons en plus grande quantité et les conserver. Il faut alors les arranger dans une terrine munie d'un couvercle, et augmenter la quantité d'huile d'olive de manière à ce qu'ils soient recouverts. Ils se conservent ainsi jusqu'à 1 semaine, dans le bas du réfrigérateur.

CŒURS D'ARTICHAUTS À LA PROVENÇALE

Bons pour la digestion et pour le transit

POUR 4 PERSONNES
PRÉPARATION : 15 MINUTES
CUISSON : 32 MINUTES

Ingrédients : 8 petits artichauts poivrade ; 4 gousses d'ail ; 1 botte d'oignons frais ; 3 branches de thym (2 c. à s. d'huile d'olive ; 1 c. à s. de vinaigre de cidre ; sel et poivre).

- Éliminez les feuilles extérieures trop fermes des artichauts. Coupez l'extrémité des feuilles restantes et tranchez la queue à 10 cm environ de la base de la fleur. Puis découpez-les en deux verticalement et retirez le foin.
- Nettoyez les oignons et coupez-les en lamelles.
- Faites chauffer l'huile à feu vif dans une sauteuse, puis jetez-y les oignons frais. Laissez dorer 2 minutes en remuant. Déposez les artichauts dans la sauteuse, la partie tranchée contre le fond. Arrangez par-dessus les branches de thym et les gousses d'ail entières, non épluchées.
- Versez par-dessus un verre d'eau dans lequel vous mélangez 1 c. à s. de vinaigre de cidre (moins acide que le vinaigre de vin). Mouillez le plat avec cette préparation, salez, poivrez, couvrez, baissez le feu et laissez mijoter 30 minutes. Pendant la cuisson, ajoutez un peu d'eau (½ verre) si vous voyez que le plat est trop sec.
- Servez chaud en hiver ou froid en été.

MON « TOUR DE MAGIE » CRÉTOIS

Quand le plat est cuit, retirez les gousses d'ail et écrasez-les pour récupérer la purée. Servez les artichauts avec une tranche de pain grillée tartinée de purée d'ail.

FLANS DE COURGETTES À LA POMME VERTE

Minceur, drainant, anti-infection

POUR 4 PERSONNES
PRÉPARATION : 10 MINUTES
CUISSON : 20 MINUTES

Ingrédients : 400 g de courgettes (petites de préférence) ; 1 pomme verte ; 3 œufs ; 1 yaourt nature au lait de brebis (sel et poivre).

- Préchauffez votre four à 180 °C (th. 6).
- Épluchez les courgettes, coupez-les en deux dans le sens de la longueur puis détaillez-les en fines rondelles. Rincez la pomme, pelez-la, épépinez-la puis coupez la chair en petits dés.
- Versez le tout dans un saladier. Ajoutez les œufs et le yaourt. Salez, poivrez et mélangez bien à la fourchette.
- Versez la préparation dans des moules individuels (en silicone ou beurrés) et enfournez. Laissez cuire 20 minutes.
- Servez chaud, tiède ou froid.

MON « TOUR DE MAGIE » CRÉTOIS

Ces petits flans peuvent se déguster en entrée, avec une salade de roquette, ou en accompagnement d'une volaille ou d'un poisson. Pour plus de saveur, intégrez-y une pincée de noix de muscade et une de piment d'Espelette.

TARTINES DE FROMAGE FRAIS AUX OLIVES

Bonnes pour le système cardio-vasculaire et le cerveau, antistress

POUR 4 PERSONNES
PRÉPARATION : 5 MINUTES
CUISSON : 3 MINUTES

Ingrédients : 4 grosses tranches de pain complet (ou 8 petites) ; 150 g de fromage de chèvre frais ; 4 c. à s. d'olives dénoyautées (2 de noires et 2 de vertes) (1 c. à s. d'huile d'olive ; poivre).

- Versez les olives noires et vertes dans le bol de votre mixeur et ajoutez l'huile d'olive (conservez 2 olives de chaque pour la décoration). Poivrez et mixez pour obtenir une purée un peu grumeleuse.
- Faites griller les tranches de pain (au grille-pain ou au four), puis tartinez-les avec cette purée d'olive. Étalez par-dessus le fromage de chèvre frais. Poivrez à nouveau.
- Décorez avec quelques lamelles d'olive et servez immédiatement.

MON « TOUR DE MAGIE » CRÉTOIS

Pour l'apéritif, découpez les tartines en bouchées avant de les servir. En entrée, accompagnez-les d'une salade de mâche ou de roquette.

BOUCHÉES AUX CREVETTES

Minceur, drainantes, bonnes pour le cerveau et le système nerveux

POUR 4 PERSONNES
PRÉPARATION : 12 MINUTES
MACÉRATION : 10 MINUTES
CUISSON : 5 MINUTES

Ingrédients : 8 queues de crevettes surgelées crues ; 1 grosse courgette ; 1 citron ; 5 branches de coriandre (4 c. à s. d'huile d'olive ; sel et poivre).

- Décongelez les queues de crevettes en les passant sous l'eau tiède, puis décortiquez-les.
- Pressez le citron. Prélevez les feuilles de coriandre, rincez-les et ciselez-les. Ajoutez-les dans le jus de citron avec l'huile, du sel et du poivre. Mettez les crevettes à mariner dans ce jus pendant 10 minutes.
- Pendant ce temps, rincez la courgette, coupez les extrémités puis prélevez de grandes tranches verticales avec un épluche-légumes large.
- Prélevez les queues de crevettes et conservez le reste de sauce. Enroulez chacune dans une tagliatelle de courgette et maintenez en place avec une pique en bois.
- Arrangez les bouchées dans le panier d'un cuiseur-vapeur et faites cuire 5 minutes.
- Servez les bouchées chaudes ou froides, arrosées avec le reste de sauce.

MON « TOUR DE MAGIE » CRÉTOIS

N'hésitez pas à varier à partir de cette base. Le jus d'orange peut remplacer le jus de citron, la coriandre peut laisser la place à du basilic ou de l'aneth, voire à un mélange d'épices (cumin et gingembre moulu par exemple).

CASSOLETTES DE SAUMON AUX AMANDES

Antistress, bonnes pour le système cardio-vasculaire, coupe-faim

POUR 4 PERSONNES
PRÉPARATION : 5 MINUTES
CUISSON : 20 MINUTES

Ingrédients : 1 filet de saumon de 200 g ; 300 g de pommes de terre ; 15 cl de lait d'amande non sucré ; 1 pincée de noix de muscade (sel et poivre).

- Préchauffez votre four à 180 °C (th. 6).
- Ôtez la peau du filet de saumon et coupez la chair en gros dés. Épluchez les pommes de terre et tranchez-les en fines lamelles.
- Dans quatre moules en terre individuels, arrangez une couche de pommes de terre, une couche de saumon et terminez avec une couche de pommes de terre. Saupoudrez de noix de muscade, salez et poivrez.
- Versez par-dessus le lait d'amande et enfournez. Laissez cuire 20 minutes. Servez bien chaud.

MON « TOUR DE MAGIE » CRÉTOIS

Par-dessus les dés de saumon, ajoutez des amandes émondées et effilées. Le plat gagnera un peu de croquant et la saveur des amandes sera plus présente.

DES DÉLICES MARITIMES

FILETS DE MAQUEREAUX MARINÉS

Anticholestérol, bons pour le cœur et le système nerveux

POUR 4 PERSONNES
PRÉPARATION : 10 MINUTES
CUISSON : 15 MINUTES
MACÉRATION : 2 HEURES

Ingrédients : 4 maquereaux frais ; 1 gros oignon blanc ; 1 citron ; 1 c. à c. de brins de thym séchés (6 c. à s. d'huile d'olive ; sel et poivre).

- Déposez les maquereaux dans le panier d'un cuiseur-vapeur, puis faites-les cuire 15 minutes.
- Pendant ce temps, épluchez l'oignon et tranchez-le en fines lamelles. Pressez le citron et mélangez le jus avec l'huile d'olive. Ajoutez le thym, salez, poivrez et mélangez. Lorsque les poissons sont quasiment cuits (ils doivent être encore légèrement crus aux abords de l'arête centrale), prélevez les filets et arrangez-les dans un plat creux au fond duquel vous avez étalé les rondelles d'oignon.
- Versez la sauce par-dessus et laissez mariner au moins 2 heures. De temps en temps, récupérez un peu de sauce avec une cuillère et versez-la sur les poissons pour qu'ils soient bien imprégnés de saveur.
- Servez tiède ou froid.

MON « TOUR DE MAGIE » CRÉTOIS

Ces maquereaux marinés sont délicieux avec des pommes vapeur. L'association chaud/froid leur va très bien. S'il vous en reste, conservez-les dans le bas du réfrigérateur, recouverts d'huile d'olive.

SARDINES FARCIES AU FROMAGE DE CHÈVRE FRAIS

Bonnes pour le système cardio-vasculaire et pour le système nerveux, minceur

POUR 4 PERSONNES
PRÉPARATION : 10 MINUTES
CUISSON : 20 MINUTES

Ingrédients : 12 belles sardines fraîches ; 200 g de fromage de chèvre frais ; 1 œuf ; 15 brins de ciboulette (1 c. à s. d'huile d'olive ; sel et poivre).

- Demandez à votre poissonnier de vous préparer les sardines : couper la tête, inciser le ventre, les vider et éliminer l'arête centrale.
- Préchauffez votre four à 200 °C (th. 6-7).
- Rincez la ciboulette et ciselez-la. Dans un grand bol, mélangez-la avec l'œuf et le fromage frais. Salez et poivrez.
- Arrangez les sardines dans un plat allant au four et farcissez-les avec la préparation. Arrosez-les d'un filet d'huile d'olive.
- Enfournez et laissez cuire 20 minutes (un peu plus si elles sont très grosses).
- Servez dès la sortie du four.

MON « TOUR DE MAGIE » CRÉTOIS

Vous pouvez enrichir la saveur de la farce en ajoutant un hachis d'ail et d'autres herbes (persil, basilic…). ½ c. à c. de cumin moulu ajoute une touche plus puissante.

DAURADE AU FOUR

Digestion facile, antistress, antifatigue

POUR 4 PERSONNES
PRÉPARATION : 10 MINUTES
CUISSON : 30 MINUTES

Ingrédients : 1 daurade d'environ 800 g ; 1 oignon jaune ; 2 tomates ; 2 pommes de terre (1 c. à s. d'huile d'olive ; sel et poivre).

- Demandez à votre poissonnier de vider la daurade.
- Préchauffez votre four à 200 °C (th. 6-7).
- Épluchez l'oignon et les pommes de terre, puis tranchez-les en lamelles. Rincez les tomates, épépinez-les et coupez-les en rondelles.
- Déposez la daurade au centre d'un grand plat allant au four. Arrangez autour l'oignon, les tomates et les pommes de terre. Salez et poivrez. Arrosez d'un filet d'huile d'olive.
- Enfournez et laissez cuire 30 minutes, en arrosant de temps en temps avec le jus de cuisson. Servez dès la sortie du four

MON « TOUR DE MAGIE » CRÉTOIS

Quelques branches de thym, marjolaine et romarin relèvent agréablement la saveur de ce plat, simple à réaliser et toujours réussi.

FILETS DE ROUGET PARMENTIER

Coupe-faim, antistress, digestion facile

POUR 4 PERSONNES
PRÉPARATION : 10 MINUTES
CUISSON : 35 MINUTES

Ingrédients : 500 g de filets de rougets ; 600 g de pommes de terre ; 2 c. à s. de chapelure (6 c. à s. d'huile d'olive ; sel et poivre).

- Épluchez les pommes de terre, coupez-les en dés et faites-les cuire à l'eau pendant 15 minutes.
- Préchauffez votre four à 200 °C (th. 6-7).
- Lorsque les pommes de terre sont bien tendres, égouttez-les, versez-les dans un plat creux et écrasez-les à la fourchette. Salez, poivrez et ajoutez la moitié de l'huile d'olive. Mélangez.
- Dans une terrine allant au four, étalez la moitié de l'écrasé de pommes de terre. Recouvrez avec les filets de rouget, salez, poivrez et arrosez avec le reste de l'huile d'olive. Par-dessus, étalez le reste des pommes de terre et parsemez la surface avec la chapelure.
- Enfournez et laissez cuire 20 minutes. Servez dès la sortie du four.

MON « TOUR DE MAGIE » CRÉTOIS

Vous pouvez préparer ce plat avec des filets de rougets surgelés. Dans ce cas, il faut les laisser décongeler 2 heures à température ambiante. Pour plus de saveur, faites-les mariner d'abord dans un jus de citron additionné d'un hachis d'ail et de persil.

SARDINES EN SAUCE TOMATE

Bonnes pour le cerveau et le système nerveux, antioxydantes, minceur

POUR 4 PERSONNES
PRÉPARATION : 10 MINUTES
CUISSON : 18 MINUTES

Ingrédients : 16 sardines de Méditerranée (environ 2 kg) ; 4 tomates ; 2 gousses d'ail ; 4 branches de thym (4 c. à s. d'huile d'olive ; sel et poivre).

- Rincez les sardines, incisez leur abdomen et videz-les. Épongez-les et réservez.
- Rincez les tomates, épépinez-les et coupez-les en dés. Épluchez l'ail et tranchez-le en fines lamelles.
- Dans une sauteuse, faites chauffer 2 c. à s. d'huile à feu vif. Jetez-y l'ail, laissez dorer 1 minute, puis ajoutez les tomates et les branches de thym. Salez, poivrez, baissez le feu et laissez cuire 10 minutes sans couvrir afin que l'eau de cuisson s'évapore au fur et à mesure.
- Pendant ce temps, faites chauffer 2 c. à s. d'huile dans une grande poêle à feu vif. Faites-y dorer les sardines 2 minutes sur chaque face.
- Ajoutez la compotée de tomates dans la poêle et laissez les sardines se napper de saveurs pendant 3 minutes. Servez immédiatement.

MON « TOUR DE MAGIE » CRÉTOIS

Manque de temps ? Préparez la sauce tomate la veille et conservez-la dans le bas du réfrigérateur. Au dernier moment, faites cuire les sardines et nappez-les de sauce.

SAUMON EN PAPILLOTE DE VERDURE

Digestion facile, minceur, bon pour le système cardio-vasculaire

POUR 4 PERSONNES
PRÉPARATION : 5 MINUTES
CUISSON : 25 MINUTES

Ingrédients : 4 filets de saumon (150 g environ chacun) ; 100 g de mâche ; 10 cl de lait d'amande ; 1 pincée de noix de muscade (sel et poivre).

- Préchauffez votre four à 180 °C (th. 6).
- Rincez la mâche puis égouttez-la. Versez-la dans une grande casserole avec le lait d'amande. Salez, poivrez et ajoutez la noix de muscade.
- Faites chauffer pendant 5 minutes en surveillant, le temps que la salade se flétrisse. Versez le contenu de la casserole dans le bol de votre mixeur et mixez pour obtenir une crème lisse.
- Découpez 4 morceaux de papier cuisson sulfurisé. Étalez le premier devant vous et relevez les bords. Déposez au centre un filet de saumon, puis arrosez-le avec un quart de la préparation. Refermez la papillote et déposez-la sur un plat allant au four.
- Procédez de la même manière avec le reste des ingrédients.
- Enfournez vos quatre papillotes et laissez cuire 20 minutes. Servez dès la sortie du four.

MON « TOUR DE MAGIE » CRÉTOIS

Adaptez la cuisson du poisson à vos goûts. Si vous l'aimez encore rosé à cœur, 15 minutes suffiront. Si vous l'appréciez très cuit, il vous faudra 25 minutes. Dans tous les cas, servez les papillotes entrouvertes et décorez avec quelques pignons de pin.

CALMARS FARCIS AUX RAISINS

Minceur, drainants, digestion facile

POUR 4 PERSONNES
PRÉPARATION : 15 MINUTES
CUISSON : 15 MINUTES

Ingrédients : 8 calmars de taille moyenne ; 500 g de raisin blanc à gros grains ; 1 citron ; 2 échalotes (3 c. à s. d'huile d'olive ; sel et poivre).

- Nettoyez les calmars, prélevez les tentacules et hachez-les finement au couteau.
- Égrenez le raisin et passez la moitié des grains à la centrifugeuse pour récupérer leur jus. Épluchez l'autre moitié et épépinez-les. Pressez le citron et mélangez le jus à celui du raisin.
- Pelez les échalotes et tranchez-les en très fines lamelles.
- Faites chauffer 1 c. à s. d'huile à feu vif dans une sauteuse. Jetez-y les échalotes et laissez dorer 1 minute en remuant. Ajoutez les tentacules et les grains de raisin épluchés, salez et poivrez. Laissez cuire encore 4 minutes en remuant.
- Farcissez les calmars avec cette préparation, puis maintenez-les fermés avec une pique en bois.
- Faites chauffer le reste de l'huile dans la sauteuse à feu vif, puis jetez-y les calmars farcis. Laissez dorer 5 minutes en les retournant pour qu'ils soient saisis sur toutes les faces. Ajoutez le jus de raisin et de citron, salez, poivrez, baissez le feu et laissez mijoter 5 minutes supplémentaires, sans couvrir pour que le jus réduise.
- Servez chaud.

MON « TOUR DE MAGIE » CRÉTOIS

Si vous n'avez pas de centrifugeuse, mixez le raisin puis passez-le au chinois pour récupérer le jus. Juste avant de servir, parsemez le plat avec du persil ciselé.

CREVETTES EN ROBE DES CHAMPS

Digestion facile, coupe-faim, antifatigue

POUR 4 PERSONNES
PRÉPARATION : 5 MINUTES
CUISSON : 35 MINUTES

Ingrédients : 4 grosses pommes de terre ; 12 crevettes surgelées entières ; 1 gousse d'ail ; 5 branches de basilic (3 c. à s. d'huile d'olive ; sel et poivre).

- Rincez soigneusement les pommes de terre et faites-les cuire à la vapeur, entières, pendant 30 minutes.
- Pendant ce temps, décongelez rapidement les crevettes en les passant sous un filet d'eau tiède. Éliminez les têtes, décortiquez les queues et épongez-les.
- Épluchez l'ail et tranchez-le en fines lamelles. Prélevez les feuilles de basilic, rincez-les et ciselez-les.
- Faites chauffer 1 c. à s. d'huile à feu vif dans une poêle. Jetez-y les lamelles d'ail, salez, poivrez et laissez dorer 1 minute. Ajoutez les crevettes et laissez-les cuire 2 minutes de chaque côté.
- Lorsque les pommes de terre sont cuites, arrangez-les dans des assiettes individuelles. Incisez-les sur la partie supérieure de manière à créer un espace dans lequel vous glisserez les crevettes (3 dans chaque pomme de terre).
- Arrosez avec le reste de l'huile d'olive et servez immédiatement.

MON « TOUR DE MAGIE » CRÉTOIS

La cuisson des pommes de terre dépend de leur taille et de leur variété. Pour adapter le temps de cuisson, plantez un couteau pointu dans leur chair à la fin de la cuisson. Si vous sentez une résistance, prolongez un peu. Pour les présenter plus facilement dans les assiettes, calez-les avec les têtes de crevettes arrangées en triangle, rapidement cuites à l'eau.

FILETS DE DAURADE AU FENOUIL

Drainants, minceur, antioxydants

POUR 4 PERSONNES
PRÉPARATION : 5 MINUTES
CUISSON : 15 MINUTES

Ingrédients : 2 daurades d'environ 500 g chacune ; 1 fenouil ; 1 oignon jaune ; ½ c. à s. de brins de thym [2 c. à s. d'huile d'olive ; sel et poivre].

- Demandez à votre poissonnier de prélever les filets des daurades. Éliminez soigneusement les arêtes restant sur les bords.
- Préchauffez votre four à 200 °C (th. 6-7).
- Épluchez l'oignon et tranchez-le en lamelles. Éliminez les feuilles extérieures du fenouil si elles sont trop fibreuses, puis coupez-le en tranches fines.
- Faites chauffer 1 c. à s. d'huile à feu vif dans une poêle. Jetez-y les tranches d'oignon et de fenouil. Salez, poivrez et ajoutez le thym. Laissez cuire 5 minutes en remuant de temps en temps.
- Découpez quatre morceaux de papier cuisson sulfurisé. Étalez le premier sur votre plan de travail et soulevez les bords. Déposez au centre un filet de daurade et recouvrez avec un quart de la préparation à base de fenouil. Arrosez avec un filet d'huile d'olive, refermez la papillote et déposez-la dans un plat allant au four.
- Procédez de la même manière avec le reste des ingrédients.
- Enfournez et laissez cuire 10 minutes. Servez dès la sortie du four.

MON « TOUR DE MAGIE » CRÉTOIS

Pour bien éliminer les arêtes des filets de daurade, utilisez une pince à épiler. C'est un peu long, mais c'est tellement plus agréable à déguster !

LOUP AUX OLIVES

Antistress, bon pour le système cardio-vasculaire

POUR 4 PERSONNES
PRÉPARATION : 5 MINUTES
CUISSON : 10 MINUTES

Ingrédients : 4 filets de loup ; 2 c. à s. d'olives noires dénoyautées ; 2 gousses d'ail ; 2 petites courgettes (4 c. à s. d'huile d'olive ; sel et poivre).

- Rincez les courgettes, épluchez-les en laissant un lai de peau sur deux et coupez-les en dés. Épluchez l'ail et tranchez-le en fines lamelles. Hachez au couteau la moitié des olives noires.
- Dans une sauteuse, faites chauffer 2 c. à s. d'huile à feu vif. Jetez-y l'ail, laissez dorer 1 minute, puis ajoutez les courgettes et les olives noires hachées. Salez, poivrez, baissez le feu et laissez cuire 5 minutes en remuant régulièrement.
- Chauffez l'huile restante dans une grande poêle. Faites-y dorer le poisson 2 minutes sur chaque face.
- Répartissez les filets de loup dans des assiettes individuelles, salez légèrement et poivrez. Décorez-les avec les olives restantes coupées en deux. Déposez à côté quelques cuillerées de compotée de courgettes. Servez chaud.

MON « TOUR DE MAGIE » CRÉTOIS

Vous pouvez réaliser cette recette avec différents légumes : poivrons, tomates, aubergines... Relevez la saveur avec une pincée de piment de Cayenne ou ½ c. à c. de cumin moulu.

CASSOLETTES DE MOULES EN PERSILLADE

Minceur, bonnes pour le cerveau et le système cardio-vasculaire

POUR 4 PERSONNES
PRÉPARATION : 15 MINUTES
CUISSON : 8 MINUTES

Ingrédients : 2 litres de moules ; 2 échalotes ; 10 branches de persil ; 1 c. à s. de farine de maïs (Maïzena®) (sel et poivre).

- Grattez les moules pour éliminer les barbes et le sable. Versez-les dans un grand faitout et faites chauffer 3 minutes, jusqu'à ce qu'elles s'ouvrent.
- Sortez-les avec une écumoire et filtrez le jus de cuisson. Réservez.
- Épluchez les échalotes et hachez-les au couteau. Prélevez les branches de persil, rincez-les et ciselez-les. Mélangez.
- Dans le fond du faitout, versez une louche de jus de cuisson filtré et ajoutez la persillade. Poivrez. Intégrez la farine de maïs en pluie en remuant avec un fouet pour éviter les grumeaux, puis allongez avec le reste du jus de cuisson. Laissez épaissir 3 minutes sans cesser de remuer.
- Hors du feu, versez les moules cuites dans le faitout et mélangez.
- Répartissez-les dans des cassolettes individuelles et servez immédiatement.

MON « TOUR DE MAGIE » CRÉTOIS

Ajoutez 1 c. à c. de curry en poudre dans la sauce pendant qu'elle épaissit. Saveur garantie.

SAINT-JACQUES AUX LENTILLES CORAIL

Antistress, coupe-faim, bonnes pour le transit

POUR 4 PERSONNES
PRÉPARATION : 5 MINUTES
CUISSON : 20 MINUTES

Ingrédients : 8 coquilles Saint-Jacques fraîches ; 300 g de lentilles corail ; 2 oignons jaunes ; ½ c. à s. de curry [3 c. à s. d'huile d'olive ; sel et poivre].

- Demandez à votre poissonnier de nettoyer les coquilles Saint-Jacques.
- Épluchez les oignons et tranchez-les en rondelles. Rincez les lentilles.
- Faites chauffer 2 c. à s. d'huile à feu vif dans une sauteuse et jetez-y les oignons. Laissez dorer 2 minutes en remuant, puis ajoutez les lentilles et le curry. Salez, poivrez et mélangez. Couvrez d'eau (environ 2 cm au-dessus des lentilles). Laissez cuire 10 minutes à couvert, puis ôtez le couvercle et laissez cuire 5 minutes supplémentaires jusqu'à ce qu'elles aient absorbé toute l'eau.
- Pendant ce temps, éliminez le corail des Saint-Jacques puis tranchez les noix en deux dans l'épaisseur.
- Chauffez le reste de l'huile à feu vif dans une grande poêle et faites dorer les tranches de Saint-Jacques 1 minute sur chaque face.
- Répartissez les lentilles dans des assiettes individuelles et déposez les tranches de Saint-Jacques par-dessus. Servez immédiatement.

MON « TOUR DE MAGIE » CRÉTOIS

Conservez le corail des lentilles dans un petit sachet au congélateur. Lorsque vous préparerez des filets de poisson blanc ou des crustacés, faites une sauce rapide en les mixant avec un yaourt et des herbes fraîches.

PAIN DE POISSON À LA VAPEUR

Minceur, bon pour le cœur, antistress

POUR 4 PERSONNES
PRÉPARATION : 20 MINUTES
CUISSON : 20 MINUTES

Ingrédients : 500 g de filets de poisson blanc [colin ; flétan...] ; 1 œuf ; 2 c. à s. de chapelure ; 10 branches de persil [6 c. à s. d'huile d'olive ; 2 c. à s. de vinaigre balsamique ; sel et poivre].

- Faites cuire les filets de poisson à la vapeur pendant 10 minutes, puis émiettez-les.
- Dans un saladier, mélangez les miettes de poisson, l'œuf et la chapelure. Prélevez les feuilles du persil, rincez-les et ciselez-les. Ajoutez-les dans le saladier, ainsi que 2 c. à s. d'huile d'olive. Salez, poivrez et malaxez pour former une farce.
- Découpez un carré de film alimentaire. Sur le bas du carré, déposez la farce et travaillez-la pour former un rouleau. Puis enroulez-la dans le film alimentaire de manière à obtenir un gros boudin que vous fermez aux extrémités en les tortillant.
- Déposez ce boudin dans le panier de votre cuiseur-vapeur et faites-le cuire à la vapeur 10 minutes. Puis laissez-le tiédir à température ambiante.
- Pendant ce temps, préparez une sauce vinaigrette avec le reste de l'huile et le vinaigre balsamique. Salez et poivrez.

- Lorsque le pain de poisson est tiède, débarrassez-le de son enveloppe et coupez-le en tranches épaisses que vous déposerez sur des assiettes individuelles. Arrosez de sauce vinaigrette et servez.

MON « TOUR DE MAGIE » CRÉTOIS

Cette recette est idéale pour cuisiner des restes de poisson au four, à la vapeur ou au court-bouillon. Faites attention toutefois, lorsque vous roulez le pain dans le film alimentaire, de soulever celui-ci au fur et à mesure pour qu'il ne soit pas pris dans la farce.

DES VIANDES AU-DESSUS DE TOUT SOUPÇON

BLANCS DE POULET MARINÉS GRILLÉS

Digestion facile, minceur, belle peau

POUR 4 PERSONNES
PRÉPARATION : 5 MINUTES
MACÉRATION : 30 MINUTES
CUISSON : 30 MINUTES

Ingrédients : 4 blancs de poulet ; 1 orange ; 10 cl de lait d'amande non sucré ; ½ c. à s. de cumin moulu (1 c. à s. de miel liquide ; sel et poivre).

- Incisez la surface des blancs de poulet en y dessinant des croisillons. Pressez l'orange et mélangez son jus avec le lait d'amande et le miel. Salez, poivrez et ajoutez le cumin moulu. Remuez.
- Déposez les blancs de poulet dans un plat allant au four, puis arrosez-les avec la préparation aromatisée. Laissez macérer 30 minutes.
- Pendant ce temps, préchauffez votre four à 180 °C (th. 6).
- Enfournez les blancs de poulet et laissez cuire 30 minutes, en les arrosant régulièrement avec quelques cuillerées de sauce.
- Servez chaud, dès la sortie du four.

MON « TOUR DE MAGIE » CRÉTOIS

Si vous préférez une sauce plus épaisse, égouttez les blancs de poulet à la sortie du four et arrangez-les dans un plat de service. Versez la sauce dans une petite casserole et ajoutez 1 c. à s. de crème d'amande non sucrée. Faites chauffer 2 minutes à petit feu pour que la sauce épaississe, puis nappez-en les blancs de poulet.

MAGRETS DE CANARD AU CHOU

Antistress, bons pour le système cardio-vasculaire, immunostimulant

POUR 4 PERSONNES
PRÉPARATION : 5 MINUTES
CUISSON : 35 MINUTES

Ingrédients : 2 magrets de canard ; ½ chou blanc ; 2 poignées de raisins secs (sel et poivre).

- Nettoyez le chou et tranchez-le en lamelles. Versez-le dans le panier de votre cuiseur-vapeur. Salez, poivrez et ajoutez les raisins secs. Mélangez et faites cuire à la vapeur 20 minutes.
- Pendant ce temps, incisez la peau des magrets en dessinant des croisillons avec la pointe d'un couteau. Déposez-les dans une sauteuse, la peau contre le fond, et mettez à chauffer à feu moyen.
- Laissez les magrets cuire 10 minutes, en vidant au fur et à mesure la graisse qui fond au contact de la chaleur. Puis retournez-les et faites les cuire 5 minutes sur l'autre face.
- Déposez les magrets sur une assiette et enveloppez celle-ci de papier de cuisson sulfurisé pour qu'ils terminent de cuire dans leur propre chaleur.
- Pendant ce temps, versez le chou dans la sauteuse et faites-le dorer 5 minutes dans ce qui reste de la graisse de canard, en remuant régulièrement.
- Au moment de servir, coupez les magrets en tranches et arrangez-les sur des assiettes individuelles. Accompagnez avec le chou sauté.

MON « TOUR DE MAGIE » CRÉTOIS

Quelques pincées d'épices dans le chou relèvent la saveur du plat. Essayez un peu de noix de muscade, de cannelle et de cumin moulus. C'est délicieux.

POULET AUX ANCHOIS

Anticholestérol, bon pour le système nerveux, belle peau

POUR 4 PERSONNES
PRÉPARATION : 5 MINUTES
CUISSON : 30 MINUTES

Ingrédients : 1 poulet d'environ 1,5 kg coupé en morceaux ; 15 filets d'anchois à l'huile d'olive ; 2 oignons jaunes ; 500 g de tomates (3 c. à s. d'huile d'olive ; poivre).

- Chauffez 1 c. à s. d'huile à feu vif dans une cocotte et faites dorer les morceaux de poulet 2 minutes sur chaque face. Puis baissez un peu le feu, couvrez et laissez mijoter 20 minutes.
- Pendant ce temps, épluchez les oignons et tranchez-les en lamelles. Rincez les tomates, épépinez-les et coupez-les en cubes. Égouttez les filets d'anchois et débitez-les en tronçons.
- Dans une sauteuse, faites chauffer le reste de l'huile à feu vif. Jetez-y les oignons et les anchois, laissez dorer 3 minutes en remuant, puis ajoutez les tomates. Poivrez, baissez le feu et laissez mijoter sans couvrir 10 minutes.
- 10 minutes avant la fin de cuisson du poulet, versez la sauce tomate aux anchois dans la cocotte et laissez le poulet se napper de saveurs.
- Servez chaud.

MON « TOUR DE MAGIE » CRÉTOIS

Inutile de saler le plat, les anchois suffisent. Si vous préparez cette recette avec des anchois au sel, rincez-les abondamment sous l'eau claire avant de les utiliser afin que la sauce ne soit pas trop salée.

LAPIN AU ROMARIN

Digestion facile, drainant, minceur

POUR 4 PERSONNES
PRÉPARATION : 5 MINUTES
CUISSON : 30 MINUTES

Ingrédients : 1 lapin découpé en morceaux ; 6 branches de romarin ; 6 gousses d'ail ; 2 poivrons verts (2 c. à s. d'huile d'olive ; sel et poivre).

- Rincez les poivrons, épépinez-les et coupez-les en lanières.
- Faites chauffer l'huile dans une cocotte à feu vif et jetez-y les poivrons. Laissez-les dorer 5 minutes en remuant régulièrement. Ajoutez les morceaux de lapin, les gousses d'ail non épluchées et les branches de romarin. Salez, poivrez, mélangez, baissez le feu, couvrez et laissez mijoter 25 minutes.
- Servez chaud.

MON « TOUR DE MAGIE » CRÉTOIS

Tous les poivrons sont bons pour cette recette : rouges, orange, jaunes... Ou un mélange de couleurs. Une pincée de piment d'Espelette donne un petit coup de boost à la saveur du plat.

PARMENTIER DE LAPIN AU POTIRON

Antioxydant, minceur, belle peau

POUR 4 PERSONNES
PRÉPARATION : 10 MINUTES
CUISSON : 37 MINUTES

Ingrédients : ½ potiron ; 8 râbles de lapin ; 10 cl de lait d'amande ; 2 échalotes (2 c. à s. d'huile d'olive ; sel et poivre).

- Épluchez les échalotes et tranchez-les en lamelles.
- Faites chauffer l'huile à feu vif dans une sauteuse et jetez-y les échalotes. Laissez dorer 2 minutes en remuant, puis ajoutez les râbles de lapin. Salez, poivrez, baissez le feu, couvrez et laissez cuire 20 minutes.
- Pendant ce temps, épluchez le potiron, coupez-le en cubes et faites-le cuire 15 minutes à la vapeur.
- Lorsqu'il est bien tendre, versez-le dans le bol de votre mixeur, salez, poivrez et ajoutez le lait d'amande. Mixez pour obtenir une purée bien lisse.
- Lorsque le lapin est cuit, dépiautez les râbles et découpez la chair en petits cubes. Mélangez-les avec les échalotes fondues au fond de la sauteuse.
- Dressez votre plat dans une terrine en étalant d'abord la moitié de la purée de potiron. Recouvrez avec les morceaux de lapin, puis le reste de la purée de potiron. Servez immédiatement.

MON « TOUR DE MAGIE » CRÉTOIS

Si vous préparez ce plat à l'avance, conservez-le dans le four à température douce (120 °C maximum – th. 4). Profitez-en pour saupoudrer la surface du plat avec 2 c. à s. de chapelure. Au dernier moment, faites-le dorer 5 minutes à 220 °C (th. 7-8).

CAILLES À L'ORANGE

Antioxydantes, minceur, antifatigue

POUR 4 PERSONNES
PRÉPARATION : 5 MINUTES
CUISSON : 33 MINUTES

Ingrédients : 4 cailles ; 1 orange ; 2 oignons rouges ; ¼ de c. à c. de cannelle (2 c. à s. d'huile d'olive ; sel et poivre).

- Faites cuire les cailles à la vapeur pendant 15 minutes.
- Pendant ce temps, épluchez les oignons et coupez-les en dés. Pelez l'orange à vif et prélevez la pulpe.
- Faites chauffer l'huile à feu vif dans une sauteuse. Jetez-y les dés d'oignon, laissez-les dorer 3 minutes en remuant, puis incorporez la pulpe d'orange. Salez, poivrez et ajoutez la cannelle. Mélangez, baissez le feu, couvrez et laissez mijoter 10 minutes.
- Lorsque les cailles ont fini de cuire à la vapeur, déposez-les dans la sauteuse et arrosez-les avec la sauce. Remettez sur le feu et laissez mijoter le tout 5 minutes supplémentaires.

MON « TOUR DE MAGIE » CRÉTOIS

Pour que la pulpe d'orange se fonde bien dans la sauce, découpez en cubes les morceaux les plus gros. À la cuisson, ils se déferont très facilement. Cette sauce tolère bien les épices puissantes : piment, gingembre...

PINTADE AUX POMMES ANISÉES

Bonne pour le transit, digestion facile, anticholestérol

POUR 4 PERSONNES
PRÉPARATION : 5 MINUTES
CUISSON : 45 MINUTES

Ingrédients : 1 pintade d'environ 1,2 kg ; 3 échalotes ; 4 pommes (2 acides et 2 douces) ; 4 étoiles de badiane (1 c. à s. d'huile d'olive ; sel et poivre).

- Préchauffez votre four à 180 °C (th. 6).
- Épluchez les pommes, épépinez-les et coupez-les en gros quartiers. Pelez les échalotes et tranchez-les en lamelles.
- Disposez la pintade dans un grand plat allant au four. Répartissez les échalotes autour. Salez, poivrez et déposez les étoiles de badiane. Enfournez et laissez cuire 30 minutes.
- Sortez la pintade du four et arrangez les pommes tout autour. Arrosez le tout avec un filet d'huile d'olive et enfournez à nouveau pour 15 minutes de cuisson.
- Servez chaud.

MON « TOUR DE MAGIE » CRÉTOIS

Pour que les pommes soient plus goûteuses, faites-les dorer dans un peu d'huile d'olive avant de les disposer autour de la pintade. Dans ce cas, inutile d'arroser le plat lorsque vous enfournez à nouveau.

COCOTTE DE POULET AUX HARICOTS BLANCS

Antistress, bonne pour le système cardio-vasculaire, régule la glycémie

POUR 4 PERSONNES
TREMPAGE : 12 HEURES
PRÉPARATION : 5 MINUTES
CUISSON : 2 HEURES

Ingrédients : 1 poulet d'environ 1,5 kg coupé en morceaux ; 400 g de haricots secs ; 3 tomates ; 6 gousses d'ail (2 c. à s. d'huile d'olive ; sel et poivre).

- La veille, placez les haricots dans un saladier et couvrez-les d'eau (2 cm environ au-dessus de leur surface). Laissez-les tremper 12 heures.
- Le lendemain, préchauffez votre four à 160 °C (th. 5-6).
- Rincez les tomates, épépinez-les et coupez-les en dés.
- Dans un plat en terre allant au four muni d'un couvercle (genre Romertopf), déposez les morceaux de poulet.
- Égouttez les haricots et arrangez-les dans le plat. Ajoutez les dés de tomates et les gousses d'ail entières, non épluchées. Arrosez avec l'huile d'olive, salez et poivrez.
- Couvrez et enfournez pour 2 heures de cuisson.
- Dégustez chaud.

MON « TOUR DE MAGIE » CRÉTOIS

Quelques branches d'herbes méditerranéennes (thym, romarin, marjolaine, sarriette...) relèvent agréablement ce plat.

AIGUILLETTES DE POULET AUX FRUITS SECS

Bonnes pour les systèmes nerveux et cardio-vasculaire

POUR 4 PERSONNES
PRÉPARATION : 5 MINUTES
CUISSON : 12 MINUTES

Ingrédients : 600 g d'aiguillettes de poulet ; 1 oignon rouge ; 2 c. à s. de cerneaux de noix brisés ; 2 c. à s. de raisins secs (2 c. à s. d'huile d'olive ; 1 c. à s. de miel ; sel et poivre).

- Mettez les raisins secs dans un bol et mouillez-les avec 10 cl d'eau chaude. Laissez-les gonfler 5 minutes.
- Épluchez l'oignon et tranchez-le en lamelles. Égouttez les raisins secs et conservez l'eau dans laquelle ils ont trempé. Dans cette eau, ajoutez le miel et mélangez.
- Faites chauffer l'huile dans une sauteuse. Jetez-y d'abord les lamelles d'oignon et laissez dorer 2 minutes en remuant. Ajoutez les aiguillettes de poulet, les raisins secs égouttés et l'eau miellée. Salez, poivrez et mélangez.
- Laissez cuire 10 minutes en remuant régulièrement.
- Au moment de servir, parsemez avec les cerneaux de noix brisés. Dégustez chaud.

MON « TOUR DE MAGIE » CRÉTOIS

Pour que ce plat vous apporte vraiment tous les bénéfices de l'alimentation crétoise, servez-le avec du couscous complet cuit à la vapeur et une salade de mâche.

LAPIN AUX POIS CHICHES

Bon pour le transit, antistress, régule la glycémie

POUR 4 PERSONNES
PRÉPARATION : 5 MINUTES
CUISSON : 25 MINUTES

Ingrédients : 8 râbles de lapin ; 1 grosse boîte de pois chiches au naturel ; 2 branches de thym ; 1 botte d'oignons frais (3 c. à s. d'huile d'olive ; sel et poivre).

- Nettoyez les oignons frais et coupez-les en tronçons d'environ 3 à 4 cm. Égouttez les pois chiches.
- Faites chauffer l'huile d'olive à feu vif dans une cocotte. Jetez-y d'abord les oignons et laissez cuire 1 minute en remuant. Ajoutez les râbles de lapin et faites-les dorer 2 minutes sur chaque face.
- Versez les pois chiches par-dessus, salez, poivrez et déposez les branches de thym. Mouillez avec un petit verre d'eau, baissez le feu, couvrez et laissez cuire 20 minutes.
- Servez chaud.

MON « TOUR DE MAGIE » CRÉTOIS

Remplacez le thym par un jus de citron et ½ c. à s. de cumin moulu, et votre plat prendra un délicieux petit air marocain.

POULET AUX OLIVES

Anticholestérol, antistress, belle peau

POUR 4 PERSONNES
PRÉPARATION : 5 MINUTES
CUISSON : 12 MINUTES

Ingrédients : 4 blancs de poulet ; 4 c. à s. d'olives dénoyautées (2 de vertes et 2 de noires) ; 1 gousse d'ail (3 c. à s. d'huile d'olive ; sel et poivre).

- Versez les olives dans le bol de votre mixeur et ajoutez 1 c. à s. d'huile d'olive. Poivrez et mixez pour obtenir une purée grumeleuse. Épluchez l'ail et réduisez-le en purée avec un presse-ail.
- Tranchez les blancs de poulet dans le milieu de manière à pouvoir les ouvrir pour obtenir des escalopes.
- Chauffez le reste de l'huile dans une grande poêle et faites-y dorer les escalopes de poulet 2 minutes sur chaque face. Salez, poivrez, puis couvrez et laissez cuire encore 6 minutes.
- Déposez les escalopes dans des assiettes individuelles. Versez la purée d'ail dans la poêle et laissez dorer 1 minute. Puis ajoutez la purée d'olive et réchauffez le tout pendant 1 minute en remuant. Répartissez-la sur les escalopes et servez immédiatement.

MON « TOUR DE MAGIE » CRÉTOIS

Cette purée d'olives se conserve une semaine au réfrigérateur. Préparez-en régulièrement de manière à toujours en avoir sous la main. Vous pourrez ainsi l'intégrer dans vos plats sans avoir à la préparer à la dernière minute. Vous pourrez même la tartiner sur des petits toasts pour l'apéritif.

FLAN AU POULET

Minceur, digestion facile

POUR 4 PERSONNES
PRÉPARATION : 5 MINUTES
CUISSON : 25 MINUTES

Ingrédients : 2 blancs de poulet ; 3 œufs ; 1 yaourt nature ; 12 tomates séchées à l'huile (1 c. à s. d'huile d'olive ; sel et poivre).

- Préchauffez votre four à 200 °C (th. 6-7).
- Découpez les blancs de poulet en petits cubes. Égouttez les tomates séchées et tranchez-les en lamelles.
- Faites chauffer l'huile dans une poêle et jetez-y les dés de poulet. Salez, poivrez et laissez cuire 3 minutes en remuant. Ajoutez les lamelles de tomates séchées et prolongez la cuisson 2 minutes.
- Dans un petit saladier, versez les œufs et le yaourt. Battez à la fourchette, puis ajoutez le contenu de la poêle. Mélangez et versez le tout dans un moule (en silicone ou beurré) à bord haut (au moins 5 cm).
- Enfournez et laissez cuire 20 minutes.
- Servez chaud, tiède ou froid.

MON « TOUR DE MAGIE » CRÉTOIS

Ce flan de poulet peut se décliner en toutes occasions. Froid, accompagné d'une salade, il constitue une délicieuse entrée d'été. Découpé en cubes, il peut être servi à l'apéritif avec des piques en bois. Une gousse d'ail et quelques herbes fraîches relèvent sa saveur.

TIAN DE POULET À LA PROVENÇALE

Antioxydant, minceur, digestion facile

POUR 4 PERSONNES
PRÉPARATION : 8 MINUTES
CUISSON : 40 MINUTES

Ingrédients : 2 blancs de poulet ; 2 tomates ; 2 poivrons verts ; 1 oignon jaune (2 c. à s. d'huile d'olive ; sel et poivre).

- Préchauffez votre four à 180 °C (th. 6).
- Découpez les blancs de poulet en tranches d'environ 1 cm d'épaisseur. Rincez les tomates et les poivrons, épépinez-les et taillez-les en tranches fines. Épluchez l'oignon et tranchez-le en lamelles.
- Dans un plat en terre allant au four, arrangez d'abord les tranches de poulet. Recouvrez avec les poivrons et les oignons, et terminez par les tomates. Salez, poivrez et enfournez.
- Laissez cuire 30 minutes, puis sortez du four et mélangez tous les ingrédients. Enfournez à nouveau et prolongez la cuisson 10 minutes.
- Dégustez chaud, tiède ou froid.

MON « TOUR DE MAGIE » CRÉTOIS

Vous pouvez varier les légumes que vous mettez dans ce plat : courgettes, fenouils... Évitez juste les aubergines qui jettent trop d'eau. Côté aromates, vous avez le choix : thym et romarin pendant la cuisson, basilic ciselé parsemé au moment de servir...

DES DÉLICES DE LÉGUMES

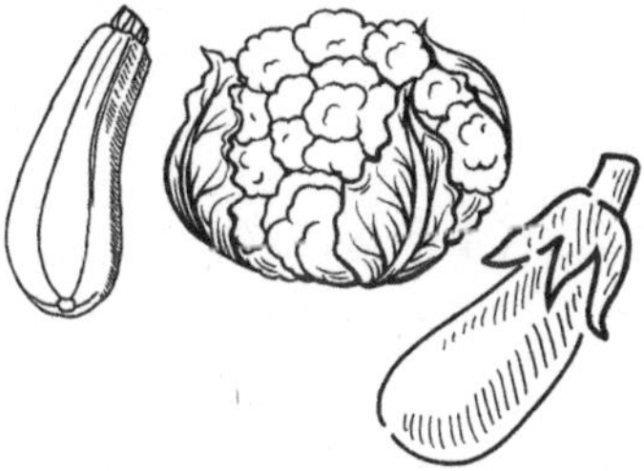

COMPOTÉE DE TOMATES AUX OIGNONS

Antioxydante, bonne pour le système nerveux, minceur

POUR 4 PERSONNES
PRÉPARATION : 5 MINUTES
CUISSON : 45 MINUTES

Ingrédients : 2 gros oignons blancs ; 800 g de tomates ; ½ c. à c. de brins de thym ; 3 gousses d'ail (2 c. à s. d'huile d'olive ; sel et poivre).

- Épluchez les oignons et coupez-les en tranches fines.
- Faites chauffer l'huile à feu doux dans une cocotte, puis versez les oignons. Salez, poivrez, ajoutez le thym. Mélangez et laissez cuire 5 minutes, en remuant régulièrement.
- Pendant ce temps, rincez les tomates, épépinez-les et coupez-les en quartiers. Ajoutez-les dans la cocotte, ainsi que les gousses d'ail entières, non épluchées.
- Couvrez, baissez le feu et laissez cuire 30 minutes. Puis ôtez le couvercle, montez un peu le feu et poursuivez la cuisson 10 minutes pour que le jus s'évapore.
- Servez chaud, tiède ou froid.

MON « TOUR DE MAGIE » CRÉTOIS

Étalez cette compotée sur un fond de pâte brisée, déposez quelques filets d'anchois à l'huile à la surface et faites cuire 20 minutes au four à 200 °C (th. 6-7). Vous dégusterez une délicieuse tarte à la tomate.

PURÉE DE COURGETTES ET CAROTTES AU CURCUMA

Bonne pour le transit, digestion facile, antioxydante

POUR 4 PERSONNES
PRÉPARATION : 8 MINUTES
CUISSON : 26 MINUTES

Ingrédients : 400 g de courgettes ; 400 g de carottes ; 2 gousses d'ail ; 1 c. à c. de cumin moulu (3 c. à s. d'huile d'olive ; sel et poivre).

- Rincez les courgettes, épluchez-les en laissant un lai de peau sur deux, puis tranchez-les en rondelles. Pelez les carottes et coupez-les en fines tranches. Épluchez l'ail et réduisez-le en purée avec un presse-ail.
- Faites chauffer l'huile à feu vif dans une sauteuse. Jetez-y d'abord, l'ail, laissez dorer 1 minute en remuant, puis ajoutez les carottes et les courgettes. Salez, poivrez et incorporez le cumin.
- Mouillez avec 1 verre d'eau, remuez, couvrez, baissez le feu et laissez cuire 25 minutes. Surveillez la cuisson régulièrement et ajoutez un peu d'eau si vous voyez que la préparation devient trop sèche.
- Lorsque les légumes sont cuits, versez le contenu de la sauteuse dans le bol de votre mixeur et mixez pour obtenir une purée bien lisse.
- Servez chaud, arrosé d'un filet d'huile d'olive crue.

MON « TOUR DE MAGIE » CRÉTOIS

Pour transformer ce plat en flan, il suffit de battre 3 œufs, de les mélanger à la purée et de faire cuire le tout 20 minutes à four moyen (180 °C – th. 6). Il pourra se déguster froid en été.

TOMATES AU FOUR

Antioxydantes, bonnes pour le système cardio-vasculaire

POUR 4 PERSONNES
PRÉPARATION : 5 MINUTES
CUISSON : 1 HEURE

Ingrédients : 2 kg de tomates ; 4 gousses d'ail ; 1 bouquet de persil ; 4 tranches de pain complet rassis (2 c. à s. d'huile d'olive ; sel et poivre).

- Préchauffez votre four à 180 °C (th. 6).
- Rincez les tomates, coupez-les en deux et épépinez-les. Déposez-les sur la plaque du four, la face coupée vers le haut.
- Râpez le pain rassis ou passez-le au mixeur pour obtenir une fine chapelure. Épluchez l'ail et réduisez-le en purée avec un presse-ail. Prélevez les feuilles de persil, rincez-les et ciselez-les.
- Mélangez tous ces ingrédients, puis remplissez-en les demi-tomates. Salez, poivrez, arrosez avec l'huile d'olive et enfournez.
- Laissez cuire doucement pendant au moins 1 heure.
- Servez chaud, tiède ou froid.

MON « TOUR DE MAGIE » CRÉTOIS

Les tomates doivent être bien confites, légèrement grillées sur le dessus. Le temps de cuisson précis dépend de leur teneur en eau. Si elles en ont jeté beaucoup, prolongez-le un peu. Vous pouvez aussi passer les tomates 5 minutes sous le gril en fin de cuisson afin qu'une fine croûte dorée se forme à la surface.

FENOUILS AUX ANCHOIS

Bons pour le transit, pour le système cardio-vasculaire et pour le cerveau

POUR 4 PERSONNES
PRÉPARATION : 5 MINUTES
CUISSON : 35 MINUTES

Ingrédients : 4 fenouils ; 12 filets d'anchois à l'huile ; 1 c. à s. de paprika moulu ; 2 gousses d'ail (4 c. à s. d'huile d'olive ; sel et poivre).

- Rincez les fenouils et enlevez les feuilles extérieures si elles sont trop fibreuses. Puis coupez les bulbes en quatre.
- Faites chauffer 2 c. à s. d'huile à feu vif dans une cocotte et déposez-y les fenouils, la face tranchée posée sur le fond. Laissez dorer 2 minutes.
- Salez, poivrez, ajoutez un verre d'eau, baissez le feu, couvrez et laissez cuire 30 minutes. Surveillez en cours de cuisson et ajoutez un peu d'eau si les fenouils sont trop secs.
- Au dernier moment, épluchez l'ail et hachez-le au couteau. Égouttez les anchois et coupez-les en quatre.
- Faites chauffer le reste de l'huile dans une poêle et jetez-y l'ail haché. Laissez dorer 1 minute, puis ajoutez les anchois et le paprika. Mouillez avec quelques c. à s. d'eau et laissez cuire 2 minutes supplémentaires en remuant sans arrêt pour que les anchois se défassent.
- Versez cette sauce sur les fenouils cuits, mélangez et servez immédiatement.

MON « TOUR DE MAGIE » CRÉTOIS

Pour alléger ce plat et le rendre moins calorique, faites simplement cuire les fenouils à la vapeur et arrosez-les au dernier moment avec la sauce aux anchois.

POIVRONS ROUGES FARCIS

Antioxydants, coupe-faim

POUR 4 PERSONNES
PRÉPARATION : 5 MINUTES
CUISSON : 45 MINUTES

Ingrédients : 4 poivrons rouges ; 150 g de riz complet cuit ; 4 échalotes ; 15 brins de ciboulette (3 c. à s. d'huile d'olive ; sel et poivre).

- Préchauffez votre four à 180 °C (th. 6).
- Rincez les poivrons, équeutez-les, coupez-les en deux dans la longueur et épépinez-les. Déposez-les à plat dans un plat allant au four, la face tranchée vers le haut.
- Épluchez les échalotes et coupez-les en lamelles. Rincez la ciboulette et ciselez-la.
- Faites chauffer 2 c. à s. d'huile dans une poêle et jetez-y les échalotes. Laissez-les dorer 2 minutes en remuant, puis ajoutez le riz. Salez, poivrez, remuez et laissez chauffer 2 minutes.
- Hors du feu, ajoutez la ciboulette à la farce et mélangez. Remplissez les poivrons avec cette préparation, arrosez avec le reste de l'huile d'olive et enfournez.
- Laissez cuire 40 minutes. Servez chaud ou froid.

MON « TOUR DE MAGIE » CRÉTOIS

Utilisez vos restes de riz pour préparer ce plat. Vous pouvez aussi intégrer à la farce vos restes de volaille hachés, ou de poisson émietté. N'hésitez pas à changer les aromates pour varier la saveur.

COMPOTÉE DE CÉLERI À L'ORANGE

Minceur, drainante, antioxydante

POUR 4 PERSONNES
PRÉPARATION : 10 MINUTES
CUISSON : 2 HEURES

Ingrédients : 1 pied de céleri ; 1 orange ; 4 étoiles de badiane ; 1 pincée de noix de muscade (sel et poivre).

- Préchauffez votre four à 160 °C (th. 5-6).
- Nettoyez le pied de céleri et épluchez les branches afin d'éliminer tous les fils. Puis coupez-les en tronçons de 3 à 4 cm. Pressez l'orange et conservez le jus.
- Arrangez les céleris dans un plat en terre allant au four muni d'un couvercle (genre Romertopf). Salez, poivrez et saupoudrez de noix de muscade. Versez par-dessus le jus d'orange et déposez à la surface les étoiles de badiane.
- Couvrez et enfournez pour 2 heures de cuisson. Servez chaud.

MON « TOUR DE MAGIE » CRÉTOIS

En cours de cuisson, vérifiez que la préparation n'a pas trop séché. Les céleris jettent de l'eau à la cuisson. Si ce n'est pas suffisant pour mouiller le plat (sans le détremper), ajoutez quelques c. à s. d'eau ou de jus d'orange.

GRATIN DE BUTTERNUT

Bon pour le transit et pour le système nerveux, antistress

POUR 4 PERSONNES
PRÉPARATION : 5 MINUTES
CUISSON : 25 MINUTES

Ingrédients : 1 courge butternut d'environ 1,5 kg (ou 2 petites) ; 4 c. à s. de fromage de chèvre frais ; 3 pincées de noix de muscade ; 2 c. à s. de chapelure (sel et poivre).

- Préchauffez votre four à 200 °C (th. 6-7).
- Coupez la butternut en deux, épépinez-la et découpez-la en gros cubes. Puis épluchez-la pour éliminer sa peau épaisse et ferme.
- Faites cuire à la vapeur 15 minutes.
- Versez la butternut cuite dans un plat creux et écrasez-la à la fourchette. Salez, poivrez abondamment, ajoutez 3 c. à s. de fromage de chèvre frais et la noix de muscade. Mélangez soigneusement.
- Transvasez la purée dans un plat en terre allant au four. Déposez à la surface le reste du fromage de chèvre frais en petits cubes et parsemez de chapelure.
- Enfournez et laissez dorer 10 minutes. Servez chaud.

MON « TOUR DE MAGIE » CRÉTOIS

Pour un gratin plus moelleux, déposez des rondelles de mozzarella à la surface du plat, en remplacement du fromage de chèvre frais, puis recouvrez de chapelure.

TORTILLA AUX PETITS LÉGUMES

Minceur, digestion facile

POUR 4 PERSONNES
PRÉPARATION : 5 MINUTES
CUISSON : 8 À 10 MINUTES

Ingrédients : 2 courgettes ; 2 carottes ; 1 oignon rouge ; 4 œufs (2 c. à s. d'huile d'olive ; sel et poivre).

- Épluchez les courgettes et les carottes, puis découpez-les en tout petits dés. Pelez l'oignon et tranchez-le en fines lamelles.
- Versez les légumes dans un saladier et ajoutez les œufs. Salez, poivrez et battez à la fourchette pour bien mélanger les ingrédients.
- Faites chauffer l'huile à feu moyen dans une poêle. Jetez-y la préparation, lissez avec une spatule pour que l'épaisseur de la tortilla soit bien homogène et laissez cuire 4 à 5 minutes.
- Faites glisser la tortilla mi-cuite sur une assiette, puis remettez-la dans la poêle sur l'autre face. Laissez cuire à nouveau 4 à 5 minutes.
- Servez chaud, tiède ou froid.

MON « TOUR DE MAGIE » CRÉTOIS

Pour faire des galettes individuelles, il vous suffit de cuire la préparation en quatre fois, dans une petite poêle (18 cm maximum). Puis laissez tiédir à température ambiante et servez avec une sauce aux aromates (mixés avec de l'huile d'olive).

FÈVES À L'ÉTOUFFÉE

Régulent la glycémie, bonnes pour le transit, antistress

POUR 4 PERSONNES
PRÉPARATION : 10 MINUTES
CUISSON : 13 MINUTES

Ingrédients : 2 kg de fèves fraîches ; 1 botte d'oignons frais ; 1 c. à c. de cumin moulu (2 c. à s. d'huile d'olive ; sel et poivre).

- Écossez les fèves. Nettoyez les oignons et coupez-les en tronçons d'environ 4 à 5 cm.
- Faites chauffer l'huile dans une sauteuse à feu vif. Jetez-y les oignons et laissez-les dorer 3 minutes en remuant de temps en temps. Incorporez les fèves et le cumin, salez, poivrez et remuez.
- Ajoutez un verre d'eau, baissez le feu, couvrez et laissez mijoter 10 minutes, jusqu'à ce que les fèves soient fondantes. Au besoin, rajoutez un peu d'eau en cours de cuisson si la préparation devient trop sèche.
- Servez chaud.

MON « TOUR DE MAGIE » CRÉTOIS

Si vos fèves sont très grosses, prenez le temps d'éliminer la fine pellicule transparente qui recouvre les grains. Elles seront plus digestes. Vous pouvez aussi utiliser des fèves écossées surgelées. Dans ce cas, prolongez un peu la cuisson.

DES CÉRÉALES QUI ONT « TOUT BON »

TABOULÉ AUX HERBES FRAÎCHES

Digestion facile, coupe-faim, antistress

POUR 4 PERSONNES
PRÉPARATION : 5 MINUTES
MACÉRATION : 1 HEURE
SANS CUISSON

Ingrédients : 2 verres de graine de couscous complet ; 1 citron ; 10 branches de persil ; 10 branches de menthe (3 c. à s. d'huile d'olive ; sel et poivre).

- Prélevez les feuilles des aromates, rincez-les et ciselez-les. Pressez le citron et mélangez son jus avec 2 verres d'eau tiède.
- Versez la graine de couscous dans un saladier. Arrosez avec le jus de citron allongé et l'huile d'olive. Salez, poivrez et ajoutez les aromates.
- Mélangez bien et laissez reposer au moins 1 heure au réfrigérateur.
- Servez frais.

MON « TOUR DE MAGIE » CRÉTOIS

Lorsque vous êtes pressé, faites précuire la graine de couscous 15 minutes à la vapeur. Puis ajoutez le jus de citron sans l'allonger d'eau et les autres ingrédients. 15 minutes de macération suffiront.

PÂTES AUX LÉGUMES DU SOLEIL

Antioxydantes, coupe-faim, bonnes pour le système nerveux

POUR 4 PERSONNES
PRÉPARATION : 5 MINUTES
CUISSON : 24 MINUTES

Ingrédients : 300 g de pâtes complètes ; 1 poivron vert ; 1 tomate ; 2 courgettes (3 c. à s. d'huile d'olive ; sel et poivre).

- Rincez le poivron, équeutez-le, épépinez-le et tranchez-le en lanières. Rincez les courgettes, épluchez-les en laissant un lai de peau sur deux et coupez-les en dés. Rincez la tomate, épépinez-la et débitez-la en petits cubes.
- Faites chauffer 2 c. à s. d'huile à feu vif dans une poêle. Jetez-y les poivrons, laissez-les dorer 2 minutes, puis ajoutez les courgettes. Salez, poivrez, baissez le feu et laissez cuire sans couvrir pendant 10 minutes, et remuant de temps en temps.
- Pendant ce temps, faites chauffer de l'eau salée pour les pâtes. Dès qu'elle bout, faites-les cuire 10 à 12 minutes (suivez les indications figurant sur le paquet).
- Lorsque les légumes sont cuits, ajoutez les cubes de tomate hors du feu et mélangez.
- Égouttez les pâtes sans les rincer, versez-les dans un plat creux et incorporez les légumes. Arrosez avec 1 c. à s. d'huile d'olive crue, mélangez et servez immédiatement.

MON « TOUR DE MAGIE » CRÉTOIS

Deux gousses d'ail hachées cuites avec les poivrons et les courgettes rajoutent de la saveur et des vertus cardio-vasculaires à ces pâtes. Vous pouvez aussi parsemer un peu de basilic haché au moment de servir.

RIZ AUX SAVEURS MARINES

Coupe-faim, bon pour le cerveau et le système cardio-vasculaire

POUR 4 PERSONNES
PRÉPARATION : 5 MINUTES
CUISSON : 25 MINUTES

Ingrédients : 300 g de riz complet ; 8 queues de crevettes surgelées décortiquées ; 200 g de calmars tranchés surgelés ; ½ c. à s. de curry (2 c. à s. d'huile d'olive ; sel et poivre).

- Rincez le riz complet et égouttez-le.
- Faites chauffer l'huile à feu moyen dans une grande poêle. Jetez-y les queues de crevettes et les anneaux de calmars encore surgelés. Salez, poivrez, ajoutez le curry, mélangez et laissez cuire 3 minutes en remuant de temps en temps.
- Versez le riz en pluie dans la poêle, mélangez pendant 2 minutes sur le feu, puis incorporez deux fois son volume d'eau.
- Baissez le feu et laissez cuire 20 minutes environ (suivez les indications figurant sur l'emballage du riz).
- Servez chaud.

MON « TOUR DE MAGIE » CRÉTOIS

Au moment de servir, arrosez le riz avec un jus de citron. Pour relever la saveur, ajoutez 2 gousses d'ail hachées en début de cuisson.

SPAGHETTIS AU PESTO MAISON

Digestion facile, bons pour le transit, antistress

POUR 4 PERSONNES
PRÉPARATION : 5 MINUTES
CUISSON : 12 MINUTES

Ingrédients : 300 g de spaghettis complets ; 1 gros bouquet de basilic ; 2 gousses d'ail ; 2 c. à s. de pignons de pin (3 c. à s. d'huile d'olive ; sel et poivre).

- Prélevez les feuilles de basilic et rincez-les. Épluchez les gousses d'ail et coupez-les en quatre. Versez le tout dans le bol de votre mixeur. Ajoutez les pignons. Salez et poivrez.
- Mixez en intégrant l'huile d'olive en mince filet, jusqu'à obtenir une pâte un peu grumeleuse.
- Chauffez de l'eau salée et faites-y cuire les pâtes pendant 10 à 12 minutes (suivez les indications figurant sur l'emballage).
- Égouttez les pâtes sans les rincer, versez-les dans un plat creux et ajoutez le pesto. Mélangez bien et servez immédiatement.

MON « TOUR DE MAGIE » CRÉTOIS

Pour avoir toujours du pesto maison sous la main, préparez-en davantage et augmentez un peu la quantité d'huile d'olive. Rangez-le dans un petit bocal fermé, dans le bas du réfrigérateur. Il se conservera au moins deux semaines.

FARFALLE AU SAUMON

Bonnes pour le cerveau et le système cardio-vasculaire, coupe-faim

POUR 4 PERSONNES
PRÉPARATION : 5 MINUTES
CUISSON : 20 MINUTES

Ingrédients : 300 g de farfalle complètes ; 2 filets de saumon (environ 300 g) ; 1 citron ; 2 gousses d'ail (3 c. à s. d'huile d'olive ; sel et poivre).

- Ôtez la peau des filets de saumon, éliminez les arêtes sur les bords et coupez le poisson en dés. Épluchez les gousses d'ail et hachez-les au couteau.
- Faites chauffer 2 c. à s. d'huile à feu moyen dans une poêle, jetez-y l'ail, laissez dorer 1 minute en remuant, puis ajoutez les dés de saumon. Salez, poivrez, mélangez et laissez cuire 5 minutes.
- Chauffez de l'eau salée et faites-y cuire les pâtes 10 à 12 minutes (suivez les instructions figurant sur l'emballage).
- Pressez le citron et versez-le sur le saumon hors du feu. Arrosez avec le reste de l'huile crue et mélangez.
- Dès que les pâtes sont cuites, égouttez-les sans les rincer et versez-les dans un plat creux. Ajoutez les dés de saumon avec leur sauce et mélangez. Servez immédiatement.

MON « TOUR DE MAGIE » CRÉTOIS

Quelques herbes ciselées, ajoutées après la cuisson, permettent de varier la saveur de ces pâtes au fil de vos envies. L'aneth convient parfaitement, mais aussi le basilic ou la ciboulette.

MACARONIS AUX ASPERGES

Drainants, coupe-faim, antifatigue

POUR 4 PERSONNES
PRÉPARATION : 10 MINUTES
CUISSON : 25 MINUTES

Ingrédients : 300 g de macaronis complets ; 1 botte d'asperges vertes ; 3 c. à s. de crème d'amande non sucrée ; 1 pincée de noix de muscade (sel et poivre).

- Nettoyez les asperges puis faites-les cuire 15 minutes à la vapeur.
- Pendant ce temps, chauffez de l'eau salée et faites-y cuire les pâtes 10 à 12 minutes (suivez les instructions figurant sur l'emballage).
- Lorsque les asperges sont tendres, coupez les pointes et réservez. Détaillez les tiges en morceaux et placez-les dans le bol de votre mixeur. Salez, poivrez, ajoutez la crème d'amande et la noix de muscade. Mixez pour obtenir une crème.
- Dès que les pâtes sont cuites, égouttez-les sans les rincer et versez-les dans un plat creux. Ajoutez la crème d'asperges, mélangez et décorez avec les pointes. Servez immédiatement.

MON « TOUR DE MAGIE » CRÉTOIS

Pour changer, préparez cette recette avec du quinoa ou du riz complet. Et ajoutez un peu de persil ciselé juste avant de servir.

SPAGHETTIS AUX AUBERGINES

Bons pour le transit, antioxydants

POUR 4 PERSONNES
PRÉPARATION : 3 MINUTES
CUISSON : 42 MINUTES

Ingrédients : 300 g de spaghettis complets ; 1 grosse aubergine ; 3 gousses d'ail ; 3 c. à s. de fromage de chèvre frais [3 c. à s. d'huile d'olive ; sel et poivre].

- Préchauffez votre four à 200 °C (th. 6-7).
- Rincez les aubergines et coupez-les en deux dans la longueur. Déposez-les, face tranchée vers le haut, sur la plaque du four. Disposez autour les gousses d'ail entières, non épluchées.
- Enfournez et laissez cuire 30 minutes.
- Lorsque leur chair est bien tendre, sortez-les du four et prélevez la chair avec une cuillère. Videz les gousses d'ail en appuyant dessus pour récupérer la purée qui se trouve à l'intérieur.
- Dans le bol de votre mixeur, versez la chair de l'aubergine, celle de l'ail, le fromage de chèvre et l'huile. Salez et poivrez. Mixez pour obtenir une crème lisse.
- Chauffez de l'eau salée et faites-y cuire les pâtes pendant 10 à 12 minutes (suivez les instructions figurant sur l'étiquette).
- Égouttez-les sans les rincer, puis versez-les dans un plat creux. Par-dessus, ajoutez la purée d'aubergines. Mélangez et servez immédiatement.

MON « TOUR DE MAGIE » CRÉTOIS

La purée d'aubergines s'enrichit volontiers de toutes sortes de saveurs : un peu de curry, des aromates frais ciselés (la coriandre lui va très bien), du paprika, une pincée de piment de Cayenne moulu…

PÂTES AUX OURSINS

Bonnes pour la solidité osseuse, stimulantes, coupe-faim

POUR 4 PERSONNES
PRÉPARATION : 30 MINUTES
CUISSON 15 MINUTES

Ingrédients : 300 g de spaghettis ; 12 oursins ; 2 gousses d'ail ; 10 branches de persil (3 c. à s. d'huile d'olive ; sel et poivre).

- Commencez par nettoyer les oursins (c'est le plus long). Saisissez un oursin de la main gauche (la droite si vous êtes gaucher) en vous protégeant des épines avec un torchon. Puis incisez-les avec un ciseau pointu et découpez-les en deux.
- Rincez rapidement chaque moitié dans un peu d'eau froide, puis prélevez les tranches jaune orangé avec une petite cuillère. Réservez dans un bol.
- Chauffez de l'eau salée et faites-y cuire les pâtes pendant 10 à 12 minutes (suivez les instructions figurant sur l'étiquette).
- Pendant ce temps, épluchez les gousses d'ail et hachez-les au couteau. Prélevez les feuilles de persil, rincez-les et ciselez-les.
- Faites chauffer l'huile à feu vif dans une poêle et jetez-y l'ail. Laissez cuire 2 minutes en remuant, puis arrêtez le feu et ajoutez le persil. Poivrez.
- Lorsque les pâtes sont cuites, égouttez-les sans les rincer et versez-les dans la poêle pour qu'elles s'imprègnent de persillade.
- Transvasez-les dans un plat creux et déposez dessus les tranches d'oursin. Mélangez et servez immédiatement.

MON « TOUR DE MAGIE » CRÉTOIS

Ne salez pas la persillade car les oursins ont une saveur très iodée et salée. Il suffit de saler un peu l'eau de cuisson des pâtes. Une pincée de piment de Cayenne relève agréablement ce plat, pour ceux qui aiment les saveurs fortes.

TIMBALE DE RIZ AUX LAMELLES D'ARTICHAUT

Digestion facile, bonne pour le transit, antistress

POUR 4 PERSONNES
PRÉPARATION : 10 MINUTES
CUISSON : 35 MINUTES

Ingrédients : 300 g de riz complet ; 6 petits artichauts poivrade ; 2 gousses d'ail ; 1 dose de safran en poudre (3 c. à s. d'huile d'olive ; sel et poivre).

- Éliminez les plus grosses feuilles des artichauts, puis tranchez le reste à ras du cœur. Éliminez le foin au centre, puis coupez les cœurs en fines lamelles. Épluchez les gousses d'ail et hachez-les au couteau.
- Faites chauffer l'huile à feu vif dans une grande poêle. Jetez-y d'abord l'ail, laissez dorer 1 minute en remuant, puis ajoutez les lamelles d'artichaut. Salez, poivrez, saupoudrez de safran, mouillez avec ½ verre d'eau et mélangez. Baissez le feu et laissez cuire 12 minutes sans couvrir.
- Rincez le riz, égouttez-le puis versez-le en pluie dans la poêle, mélangez. Laissez cuire 2 minutes en remuant sans arrêt. Ajoutez deux fois son volume d'eau, mélangez à nouveau et laissez cuire à découvert pendant 20 minutes environ (suivez les indications figurant sur l'emballage). Servez chaud.

MON « TOUR DE MAGIE » CRÉTOIS

Pour que votre riz soit plus crémeux, ajoutez 1 verre de lait d'amande à l'eau que vous versez dans le riz. Arrêtez la cuisson avant que le liquide soit complètement évaporé.

DES DESSERTS SANS SOUCIS

TABOULÉ SUCRÉ AUX FRUITS SECS

Antistress, antifatigue, bon pour le cerveau

POUR 4 PERSONNES
PRÉPARATION : 5 MINUTES
MACÉRATION : 2 HEURES
SANS CUISSON

Ingrédients : 1 verre de graines de couscous complet ; 2 oranges ; 12 dattes ; 1 poignée d'amandes émondées et effilées (2 c. à s. de miel).

- Pressez les oranges. Dans le jus, mélangez le miel. Allongez avec un peu d'eau tiède pour obtenir la valeur d'un verre de liquide (autant que de couscous).
- Versez le couscous dans un plat creux et arrosez-le avec le jus miellé. Mélangez bien et laissez reposer 1 heure au réfrigérateur en remuant de temps en temps pour que les grains ne se collent pas.
- Pendant ce temps, dénoyautez les dattes et coupez-les en lamelles.
- Au bout d'une heure, versez les dattes tranchées et les amandes effilées dans le taboulé et mélangez. Remettez au frais pour 1 heure.
- Servez dans des verrines individuelles.

MON « TOUR DE MAGIE » CRÉTOIS

Variez les fruits secs autant que vous en avez envie : pruneaux, cranberries, abricots secs, cerneaux de noix, noisettes concassées... Vous pouvez aussi ajouter dans le jus d'orange ¼ de c. à s. de cannelle. Un peu de menthe ciselée donnera à ce dessert une note encore plus fraîche.

FIGUES RÔTIES AUX NOIX

Bonnes pour le système cardio-vasculaire et le système nerveux

POUR 4 PERSONNES
PRÉPARATION : 5 MINUTES
CUISSON : 15 MINUTES

Ingrédients : 8 petites figues violettes ; 4 c. à s. de jus de fruits (pomme ou raisin) ; ¼ de c. à c. de cannelle moulue ; 1 poignée de cerneaux de noix brisés (1 c. à s. de miel).

- Préchauffez votre four à 180 °C (th. 6).
- Mélangez le jus de fruits, le miel et la cannelle dans une petite casserole. Faites chauffer le tout à feu très doux pendant 5 minutes pour obtenir un sirop assez liquide.
- Rincez les figues, ôtez le pédoncule et incisez-les légèrement en croix. Arrangez-les dans un plat allant au four. Écartez les bords, garnissez l'intérieur avec les cerneaux de noix, puis arrosez avec le sirop à la cannelle.
- Enfournez pour 10 minutes de cuisson.
- Laissez tiédir à température ambiante avant de servir.

MON « TOUR DE MAGIE » CRÉTOIS

Pour que ce dessert développe toute sa saveur, jouez avec les contrastes de température. Servez-le avec des coupelles de fromage à la faisselle bien frais, voire avec une boule de sorbet.

MELON SURPRISE À LA CORIANDRE

Drainant, minceur, antioxydant

POUR 4 PERSONNES
PRÉPARATION : 10 MINUTES
SANS CUISSON

Ingrédients : 2 melons de Cavaillon ; 2 pêches (ou nectarines) ; ½ citron ; 6 branches de coriandre (1 c. à s. de miel liquide).

- Prélevez les feuilles de coriandre, rincez-les et ciselez-les.
- Pressez le citron. Mélangez le jus avec le miel et ajoutez la coriandre ciselée.
- Épluchez les pêches, dénoyautez-les et coupez-les en petits cubes. Coupez le melon en deux, épépinez-le, prélevez la chair avec une cuillère et coupez-la en dés. Conservez les demi-melons vides.
- Versez les fruits coupés dans un saladier et ajoutez la préparation à base de miel et de coriandre. Mélangez bien et conservez au frais.
- Au moment de servir, dressez les demi-melons vides dans des assiettes individuelles et remplissez-les avec les fruits marinés. Servez immédiatement.

MON « TOUR DE MAGIE » CRÉTOIS

Le melon se marie aussi très bien avec les autres fruits d'été : abricots, fruits rouges... Le basilic peut remplacer la coriandre pour varier les saveurs.

SALADE DE PASTÈQUE AUX FRAISES

Drainante, minceur, bonne pour le transit

POUR 4 PERSONNES
PRÉPARATION : 5 MINUTES
REPOS : 10 MINUTES
SANS CUISSON

Ingrédients : 250 g de fraises ; ¼ de pastèque ; 1 kiwi ; 4 branches de menthe (1 c. à s. de miel liquide).

- Rincez les fraises sous l'eau claire, puis équeutez-les et coupez-les en quartiers. Ôtez l'écorce de la pastèque, épépinez-la et coupez-la en petits cubes (récupérez le jus qui coule pendant l'opération). Épluchez le kiwi, ôtez la partie centrale blanche si elle est trop fibreuse, puis coupez-le en tranches fines.
- Mélangez tous ces fruits dans un plat de service. Prélevez quelques cuillerées du jus qu'a jeté la pastèque et mélangez-le dans un bol avec le miel liquide. Versez dans les fruits et remuez.
- Effeuillez la menthe, rincez-la et ciselez-la. Parsemez sur la salade de fruits juste avant de servir.

MON « TOUR DE MAGIE » CRÉTOIS

Le kiwi donne une saveur acidulée à ce dessert. Si vous utilisez d'autres fruits, ajoutez le jus de ½ citron pour compenser leur douceur.

PÊCHES GRATINÉES AUX AMANDES

Antioxydantes, drainantes, bonnes pour le système cardio-vasculaire

POUR 4 PERSONNES
PRÉPARATION : 5 MINUTES
CUISSON : 15 MINUTES

Ingrédients : 4 grosses pêches ; 4 c. à s. de poudre d'amandes ; 1 œuf ; 1 pincée de noix de muscade (1 c. à s. de miel).

- Préchauffez votre four à 180 °C (th. 6).
- Pelez les pêches, coupez-les en deux et dénoyautez-les.
- Déposez-les dans un plat allant au four, la face creuse vers le haut.
- Cassez l'œuf dans un bol et battez-le à la fourchette. Ajoutez la poudre d'amande, le miel et la noix de muscade. Mélangez bien.
- Remplissez les demi-pêches avec cette préparation. Enfournez et laissez cuire 10 minutes. Puis mettez votre four sur position gril et laissez la surface dorer 5 minutes.
- Servez chaud ou tiède.

MON « TOUR DE MAGIE » CRÉTOIS

Choisissez des pêches plutôt fermes. Si vous avez du mal à les peler, faites-les précuire 5 minutes à la vapeur. La peau s'enlèvera sans efforts. Raccourcissez alors légèrement le temps de cuisson au four.

FLAN AUX POIRES

Antifatigue, antistress, digestion facile

POUR 4 PERSONNES
PRÉPARATION : 10 MINUTES
CUISSON : 25 MINUTES

Ingrédients : 4 poires ; 3 œufs ; 20 cl de lait d'amande ; ¼ de c. à c. de cannelle moulue (2 c. à s. de miel liquide).

- Préchauffez votre four à 180 °C (th. 6).
- Épluchez les poires, épépinez-les et coupez-les en tranches. Disposez-les régulièrement dans un moule à bord assez haut (environ 5 cm).
- Cassez les œufs dans un petit saladier et battez-les à la fourchette. Ajoutez le miel, le lait d'amande et la cannelle, puis battez à nouveau.
- Versez sur les poires, égalisez la surface avec une spatule et enfournez pour 25 minutes de cuisson.
- Servez tiède ou froid.

MON « TOUR DE MAGIE » CRÉTOIS

Sur cette base, vous pouvez varier les fruits : pommes, bien sûr, mais aussi pêches, abricots… Lorsque vous choisissez des fruits très riches en eau, comme les prunes, faites-les d'abord sécher 15 minutes au four afin qu'ils ne détrempent pas le flan à la cuisson.

CHAUSSONS À LA BROUSSE

Antistress, coupe-faim, bons pour la solidité osseuse

POUR 4 PERSONNES
PRÉPARATION : 10 MINUTES
CUISSON : 15 MINUTES

Ingrédients : 8 feuilles de brick ; 250 g de brousse de brebis ; 1 jaune d'œuf ; 1 citron non traité (3 c. à s. de miel liquide).

- Préchauffez votre four à 200 °C (th. 6-7).
- Égouttez la brousse et versez-la dans un grand bol. Rincez le citron, râpez son zeste et parsemez-le par-dessus. Ajoutez le miel liquide et mélangez.
- Déposez une feuille de brick sur votre plan de travail. Sur le bas, déposez 2 c. à s. de ce mélange. Puis repliez la feuille de manière à former un petit triangle bien étanche. Déposez-le sur la plaque du four.
- Procédez de la même manière avec le reste des ingrédients.
- Badigeonnez la surface des chaussons avec le jaune d'œuf allongé de 1 c. à c. d'eau.
- Enfournez et laissez dorer 10 minutes.
- Servez dès la sortie du four pour que les chaussons soient croustillants.

MON « TOUR DE MAGIE » CRÉTOIS

Vous pouvez enrichir la farce de fruits secs concassés (noix, noisettes, amandes…) ou coupés en petits dés (abricots secs, figues sèches, cranberries, raisins secs…).

FROMAGE BLANC AU COULIS DE FRUITS ROUGES

Bon pour la solidité osseuse, antioxydant, drainant

POUR 4 PERSONNES
DÉCONGÉLATION : 2 HEURES
PRÉPARATION : 10 MINUTES
SANS CUISSON

Ingrédients : 600 g de fromage blanc battu à 20 % de matière grasse ; 500 g de mélange de fruits rouges surgelés ; 1 citron non traité (4 c. à s. de miel liquide).

- Versez le mélange de fruits rouges dans une passoire à petits trous (ou en filet) que vous poserez au-dessus d'un saladier de même dimension.
- Laissez décongeler à température ambiante, en remuant régulièrement avec une cuillère de manière à faciliter le passage du jus et de la purée de pulpe à travers les orifices. De temps en temps, soulevez la passoire et récupérez avec la cuillère la pulpe qui reste dessous.
- Pendant ce temps, rincez le citron et râpez son zeste.
- Versez le fromage blanc dans un petit saladier et ajoutez le zeste râpé. Intégrez 3 c. à s. de miel liquide et mélangez bien. Répartissez la préparation dans des coupes individuelles et conservez au frais.
- Lorsque les fruits sont complètement décongelés, remuez encore une fois pour extraire ce qui reste de jus et de pulpe, puis jetez les peaux et les pépins qui demeurent dans la passoire. Ajoutez à ce coulis la dernière cuillerée de miel, mélangez et répartissez sur les coupes de fromage blanc.
- Servez immédiatement.

MON « TOUR DE MAGIE » CRÉTOIS

Si vous préparez le coulis avec des fruits rouges frais, commencez par les passer rapidement au mixeur afin de les briser. Puis déposez-les dans une passoire et suivez les étapes de la recette.

GELÉE DE GRENADE À LA ROSE

Antioxydante, drainante

POUR 4 PERSONNES
PRÉPARATION : 10 MINUTES
RÉFRIGÉRATION : 2 HEURES
CUISSON : 1 MINUTE

Ingrédients : 2 grenades ; 1 c. à c. de poudre d'agar-agar ; 4 c. à s. de sirop de framboise ; 2 c. à s. de sirop de rose.

- Coupez les grenades en deux et prélevez soigneusement les grains, en les débarrassant au fur et à mesure des filaments blanchâtres qui les entourent.
- Répartissez-les dans des coupes individuelles et réservez.
- Versez les deux sirops dans une casserole avec ½ litre d'eau froide. Mélangez bien et faites chauffer. Dès que la préparation frissonne, versez la poudre d'agar-agar et laissez cuire 1 minute sans cesser de remuer.
- Versez cette préparation sur les grains de grenade et laissez reposer 2 heures au réfrigérateur, le temps que la gelée prenne.
- Dégustez bien frais.

MON « TOUR DE MAGIE » CRÉTOIS

Les grains de grenade pris dans la gelée translucide forment un très joli dessert. Parsemez la surface de pistaches hachées pour l'égayer d'une pointe de vert. Délicieux aussi : quelques lamelles de lychees mélangées aux grains de grenade.

MOUSSE AUX FRAMBOISES ET AU BASILIC

Digestion facile, stimulante, antioxydante

POUR 4 PERSONNES
PRÉPARATION : 10 MINUTES
SANS CUISSON

Ingrédients : 4 petits-suisses nature à 20 % de matières grasses ; 2 blancs d'œufs ; 2 barquettes de framboises ; 6 branches de basilic (2 c. à s. de miel liquide ; 1 pincée de sel fin).

- Versez les petits-suisses dans un saladier, ajoutez le miel et mélangez bien.
- Prélevez les feuilles de basilic, rincez-les et ciselez-les. Passez rapidement les framboises sous l'eau claire. Ajoutez le tout dans le saladier et mélangez délicatement pour ne pas casser les fruits.
- Battez les blancs d'œufs en neige en y intégrant le sel. Lorsqu'ils sont bien fermes, incorporez-les à la préparation, très délicatement, avec une spatule.
- Répartissez la préparation dans des coupes individuelles et conservez au frais jusqu'au moment de servir.

MON « TOUR DE MAGIE » CRÉTOIS

Au moment de servir, décorez vos coupes de mousse avec une feuille de basilic entière et une framboise, que vous aurez mises de côté lors de la préparation. Sur le même modèle, vous pouvez faire une mousse de myrtilles à la coriandre ou de fraises à la menthe.

PETITS FLANS À L'ORANGE ET À L'ANIS

Antistress, bons pour la solidité osseuse, bons pour le système cardio-vasculaire

POUR 4 PERSONNES
PRÉPARATION : 5 MINUTES
CUISSON : 27 MINUTES

Ingrédients : 3 œufs ; 20 cl de lait d'amande non sucré ; 1 orange non traitée ; 4 étoiles de badiane (2 c. à s. de miel liquide).

- Préchauffez votre four à 180 °C (th. 6).
- Versez le lait d'amande dans une casserole, ajoutez les étoiles de badiane et faites chauffer environ 2 minutes. Dès que le lait frissonne, retirez du feu et laissez infuser à température ambiante.
- Pendant ce temps, rincez l'orange et râpez son zeste. Puis pelez-la à vif, prélevez la pulpe et coupez-la en petits cubes. Récupérez le jus qui s'écoule pendant l'opération.
- Lorsque le lait est tiédi, retirez les étoiles de badiane et conservez-les. Cassez les œufs dans un petit saladier et battez-les à la fourchette. Ajoutez le miel, le zeste d'orange, la pulpe et son jus. Mélangez, puis intégrez le lait d'amande tiède progressivement, sans cesser de remuer.
- Répartissez cette préparation dans des moules individuels, enfournez et laissez cuire 20 à 25 minutes (selon la taille des moules).
- Au sortir du four, décorez chaque flan avec une étoile de badiane et laissez tiédir à température ambiante avant de servir.

MON « TOUR DE MAGIE » CRÉTOIS

Si vous n'aimez pas les saveurs anisées, remplacez la badiane par un bâton de cannelle coupé en quatre. Et si les goûts atypiques ne vous effraient pas, essayez le poivre long. Moins piquant que le poivre noir classique, il développe en plus une légère saveur vanillée.

TABLE DES MATIÈRES

Achevé d'imprimer en avril 2025
sur les presses de la Nouvelle Imprimerie Laballery
58500 Clamecy
Quatrième tirage
Dépôt légal : juillet 2023
Numéro d'impression : 503075
Imprimé en France

La Nouvelle Imprimerie Laballery est titulaire de la marque Imprim'Vert®